I0166488

PAROISSE

DE

CHAUSSENAC

NOTICE HISTORIQUE

PAR

M. l'abbé Basset

Ancien Curé

SAINT-FLOUR

IMPRIMERIE F. BOUBOUNELLE, PLACE D'ARMES

—

1898

LK
31376.

PAROISSE DE CHAUSSENAC

NOTICE HISTORIQUE

2

PAROISSE

DE

CHAUSSENAC

NOTICE HISTORIQUE

PAR

M. l'abbé BASSET

Ancien Curé

SAINT-FLOUR

IMPRIMERIE F. BOUBOUNELLE, PLACE D'ARMES

—

1898

BIBLIOTHÈQUE NATIONALE R.F. IMPRIMÉS

AVERTISSEMENT

[cachet de bibliothèque]

On me dit : puisque vous avez écrit la *monographie de Barriac*, où vous fûtes curé neuf ans, pourquoi n'écririez-vous pas l'histoire de Chaussenac où vous êtes né, où vous passez la dernière période de votre existence ici-bas ?...

Longtemps et souvent me tinrent mes amis ce langage tentateur. Longtemps, à mon tour, j'alléguai mille et une raisons pour fermer mon encrier et briser ma plume ; je fis valoir principalement l'effort que m'avait coûté mon travail sur Barriac ; et surtout la crainte que j'éprouvais de ne pas pouvoir conduire à sa fin une autre œuvre de même genre. Ma résistance n'a pas été persévérante et en voici les causes.

Si je cède à la tentation, c'est d'abord pour un motif tout personnel. Il y a de certains esprits auxquels pèse l'inaction et je suis de ce nombre ; vaille que vaille, il vaut autant, et même mieux, que je trompe l'ennui de mes longs jours suivis de nuits plus longues encore, en me livrant à la composition de l'histoire de Chaussenac, que par l'accomplissement d'œuvres moins utiles. De plus, j'aurai aussi la satisfaction de penser que, par mes soins passeront à la postérité les épaves d'un passé prêt à périr ; en outre, j'aurai fixé par un récit fidèle, puisé aux meilleures sources, les faits dignes d'être recueillis et de servir de jalons pour l'histoire plus complète de Chaussenac, si quelqu'un ose l'entreprendre.

Et si mon modeste travail n'est pas capable de faire revivre, dans son intégrité, le passé de ma paroisse natale, il révèlera du moins aux contemporains des secrets qu'ils ignorent ; elle sera aussi, pour ceux qui viendront après nous, une mine précieuse où ils trouveront la réponse aux mille questions de leur esprit sur le présent, qui va s'engouffrant dans l'abîme que le temps tient toujours ouvert pour y ensevelir le souvenir des hommes et des événements qui passent avec une rapidité vertigineuse.

C'est à Chaussenac que s'écoula mon enfance ; c'est là qu'ont vécu tous les miens, ceux qui ne sont plus et ceux que les événements et les besoins de l'existence ont conduits sous d'autres climats ; c'est là que dorment sous le vert gazon du champ du repos, en attendant le grand réveil, ceux qui nous ont précédé dans la tombe.

Et puis, sans qu'on puisse bien dire pourquoi, le cœur de l'homme est fait de telle sorte, qu'il s'attache de préférence aux lieux et aux objets qui ont le plus marqué sa vie du sceau de l'épreuve !...

C'est à tous ces titres divers que j'ai formé le dessein de léguer à mes compatriotes ce témoignage de mon patriotique attachement, cette marque d'estime et de reconnaissance.

Pour être plus complet, j'aurais dû puiser aux archives centrales, où l'on a concentré tant de précieux documents pouvant servir à l'histoire locale ; Aurillac, Saint-Flour, Clermont-Ferrand surtout, d'où dépendit Chaussenac au point de vue religieux, auraient dû être visités si j'en avais obtenu les moyens. Néanmoins, je regrette peu de n'en avoir pas eu la possibilité, attendu que ces mines abondamment pourvues dans l'ensemble, contiennent un nombre fort minime de documents sur chaque localité.

Forcé de me restreindre aux pièces que j'ai pu découvrir à l'église, pauvre à cet égard ; à la mairie, mieux partagée, mais pas riche non plus ; j'y ai pu joindre cependant avec l'appoint de beaucoup de souvenirs personnels, les récits des anciens qui traversèrent les jours sanglants de la Révolution, et beaucoup de documents tirés de sources que j'indiquerai.

Muni de ces ressources précieuses, quoique incomplètes, je me persuade que cette *Notice* ne paraîtra pas au lecteur dépourvue d'intérêt. C'est mon désir et mon espérance.

Je soupçonne que l'on m'ait accusé de m'être trop souvent mis en scène dans mon écrit sur Barriac ; mais je confesse que, malgré le respect que l'on doit avoir pour les appré-

ciations de certains critiques, je ne me sens
nullement disposé à me repentir. Que l'on
ôte de mon livre ce qu'il y a de personnel,
de vécu par l'auteur, et il ne sera pas difficile
de voir que ce reproche est vain ; on l'aura
découronné !

Je suis bien décidé à récidiver dans mon
histoire de Chaussenac, et je m'en ferai même
un devoir dans l'intérêt de mon livre et pour
l'agrément de ceux qui me feront l'honneur
de me lire. Etant membre de la famille paroissiale dont j'ai résolu d'esquisser le passé,
comment pouvais-je éviter de me mettre en
cause ? Racontant ce que j'ai vu, touchant à
des événements et à la vie d'hommes dont
j'ai senti le contact, comment pouvais-je
commander à ma plume de se taire sur les
impressions qui me sont restées ? Je ne le dois
ni ne le puis. Je ne dois qu'une chose : la so-
ciété sur ce point et je la pratiquerai dans
toute la mesure du possible.

L'abbé BASSET.

CHAPITRE PREMIER

Questions topographiques.— Voies de communication

La commune de Chaussenac fait partie de l'arrondissement de Mauriac et c'est une des treize paroisses du canton de Pleaux.

Elle s'étend du nord-est au sud-ouest, est bornée au nord par la commune de Brageac, dont la sépare le ruisseau d'Ostenac ; au sud par celle de Barriac ; à l'est par celle d'Ally et à l'ouest par celle de Tourniac. J'ai vainement cherché le point où elle toucherait à celle de Pleaux, s'il faut en croire le *Dictionnaire historique*, mal informé, qui affirme que Pleaux et Chaussenac se rencontrent à l'ouest.

Deux ruisseaux l'arrosent parallèlement : celui de Cussac qui coule entre le bourg et Cheyssiol et va se jeter dans le ruisseau d'Ostenac, entre Charafrage et Tourniac ; celui d'Ostenac qui, avant de porter ce nom, est divisé en deux branches, dont l'une sort des prairies de Contres et l'autre des champs de *Rabiat*.

Ces deux filets d'eau se rencontrent au dessus du pont d'André, sur le chemin de Mauriac, et forment le ruisseau dit de l'Algère, qui prend le nom d'Ostenac en touchant à ce village. Il se jette enfin dans l'Auze, après avoir reçu le ruisseau de Cussac, comme nous l'avons dit, et traversé des forêts abruptes et un pays tourmenté par de très anciens cataclysmes.

Le village d'Escladines a aussi son ruisseau, mais qui n'entre pour ainsi dire pas dans le sol de notre commune, coule vers Barriac et se perd dans la rivière appelée Incon.

Le terrain de Chaussenac est en partie volcanique et en partie primitif; on y trouve le gneiss et le micaschiste, des filons d'eurite et de diorite, *pierre d'Ostenac*, très dure, mais propre à des travaux de maçonnerie bien supérieurs à ceux que produit le granit de Saint-Julien, moins rebelle au ciseau. Sous le village d'Escladines, versant du midi, on voit une carrière d'ocre rouge. On découvre aussi aux environs du village des débris de matières calcinées, sortes de scories, ressemblant à première vue à du minerai de fer mais qui ne sont en réalité que des parties détachées d'éruptions volcaniques; la glaise abonde dans plusieurs points du territoire de Chaussenac et la majeure part du terrain qui entoure le bourg est argileuse.

La commune de Chaussenac participe à la fertilité des plus productives parties de la contrée environnante, mais le sol y variant beaucoup de qualité, sa fertilité est aussi variée, quoique excellente dans l'ensemble.

En somme, le pays est riche et bien cultivé; le *Mérite agricole* y a fait d'honorables visites et nous avons des médaillés et un chevalier.

Le communal de l'Algère, avant le partage, qui date de 1849, s'étendait entre la route n° 1 de Mauriac à Pleaux, les villages de Contres, d'Ostenac et le bourg, sur une longueur de trois kilomètres au moins et une largeur de quinze cents mètres en moyenne.

Divisée entre le bourg, Contres, Ostenac et Cheyssiol, l'Algère se confond aujourd'hui avec les anciens héritages, et cinquante années de culture l'ont transformée. Le partage a eu pour effet l'assainissement des marais et la disparition d'émanations putrides qui engendraient la fièvre, inconnue maintenant.

Jadis on y faisait paître de nombreux troupeaux de moutons, de bêtes à cornes et de chevaux. Les gros propriétaires peuvent regretter cette ressource, mais nous croyons que la petite propriété a gagné quelque chose à ce morcellement. Tel qui n'avait pas un pouce de terrain, a maintenant une petite prairie, un champ, un jardin qui entoure une maison confortable.

Le *Dictionnaire historique* donne à la superficie de la commune de Chaussenac 1611 hectares

59 ares 81 centiares ; puis il détaille ces chiffres
entre les terres labourées, les bois, les pacages,
les prairies. Aujourd'hui, les proportions ne
sont plus les mêmes; beaucoup de terrains
incultes ont été défrichés, des champs ont été
convertis en prairies, etc...

• Sauf au bourg et au village de Cheyssiol, les
propriétaires de notre commune possèdent des
quantités considérables de forêts, privées ou
communales. Escladines en a beaucoup moins
que Cussac et Contres et Ostenac l'emportent
à cet égard sur ce dernier village. Les héritages
sont très boisés, attendu que des haies vives séparent généralement les champs et les
prairies et que beaucoup d'arbres de haute
futaie croissent dans ces haies. Ce sont ordinairement des frênes et des chênes; le hêtre y
acquiert des proportions gigantesques.

Le bourg et Cheyssiol ont des droits impor-
tants sur les bois de *Miers,* sis sur le territoire
de Brageac et appartenant à l'Etat.

Ces forêts sont assez renommées dans notre
pays pour mériter que nous en fassions l'historique, ce qui nous est facile, puisque nous
sommes en possession de documents intéressants et très authentiques à leur sujet.

« Entre Jean de Scorailles, fils de François
de Scorailles, et noble Bardet de Burq, écuyer,
seigneur de Laveissière, et demoiselle Jeanne

de Beaumont, sa consorte, partage du bois de Miers, sis sur les versants des ruisseaux de Cussac et d'Ostenac, entre Brageac et ces villages. »

— Le 15 juin 1514, avait eu lieu un autre partage entre François de Scorailles et Rigaud de Laveissière, auteurs des parties. — La terre de Miers avait été acquise par Rigaud; le bois de Miers et celui de Charafrage étaient restés indivis entre les deux seigneurs, ce qui occasionnait des contestations; les dits seigneurs donnant aux paysans permission de prendre du bois, des disputes s'élevaient entre eux et remontaient jusqu'aux propriétaires.

« Le second partage sera fait par Jean Serre, de Vèze, Antoine Bayle de Poumissous (?) Le partage devra être accompli avant le 15 mai et le sieur de Laveissière aura le choix ». — Copie signée Garcelon, notaire royal.

« An 1635 le partage est fait. La portion du seigneur de Scorailles est sise du côté de Charafrage et celle du sieur de Laveissière du côté de Ceyrac. »

« En 1640 accord entre les mêmes en raison du bois de Charafrage, commun entre eux, mais qui a été partagé. Les dits seigneurs ne pourront *afforester* que dans leurs parties respectives. » L'original est au château de Lavigne — Scorailles.

Le bois, dit de Scorailles, est actuellement

la propriété du maitre du dit château. Le bois de Miers est à l'Etat depuis la Révolution (1). Outre Chaussenac et Cheyssiol, plusieurs villages d'Ally et le bourg ont droit à recueillir, chaque année, une certaine quantité de bois d'émondage, sous la direction et selon les conditions émanant de l'administration forestière.

La population de Chaussenac, d'après le recensement de 1896, est de 850 habitants, chiffre assez exagéré.

Cinq villages entourent le bourg et forment une couronne dont il occupe le centre. Les hameaux, qui se sont multipliés depuis cinquante ans, sont répandus çà et là dans les intervalles. La commune est traversée par la route nationale n° 1, de Mauriac à St-Céré, par Pleaux ; elle passe entre le bourg et le village d'Escladines, au lieu de traverser le bourg lui-même comme il aurait dû arriver, si nos ancêtres eussent été moins parcimonieux vis-à-vis du terrain qu'on leur demandait, et si des influences étrangères ne lui eussent pas fait prendre la direction qu'elle a maintenant.

Le chemin d'intérêt commun, qui va de Rilhac à Mauriac, par Chaussenac, n'est qu'une

_____

(1) J'ai ouï dire qu'immédiatement avant la Révolution le couvent de Brageac était possesseur du bois de Miers. Mais je n'ai trouvé aucun authentique qui le démontre.

mince compensation à la privation de la route n° 1.

Le chemin de Rilhac met en rapport avec la station de Drignac les communes de St-Privat, Auriac et Rilhac... Y aura-t-il un jour un courrier qui fera le service des dépêches par cette voie? — Le chapitre II, qui ne sera qu'une suite de celui-ci, nous fournira des détails particuliers sur le bourg et les villages de Chaussenac.

CHAPITRE II.

—

Chaussenac et ses villages

Je crois qu'il soit utile et même nécessaire de commencer ce chapitre par une courte page d'histoire générale pour montrer au lecteur quel était l'état de la France, il y a deux mille ans, et arriver ainsi à lui donner l'idée exacte de ce que pouvait être Chaussenac à cette époque ; de ce qu'il était du moins au temps où régnait Clovis, car alors Chaussenac avait déjà une histoire.

Il y aurait sans doute simplicité à penser que quelque lecteur se persuadât que ce pays et cette paroisse furent toujours ce qu'ils sont maintenant ; mais; il y aurait faute aussi à laisser subsister ce sentiment même dans l'esprit d'un enfant.

Donc les Gaulois, nos premiers ancêtres, vinrent d'Outre-Rhin à une époque que je ne me fais pas fort de déterminer. Ils y rencontrèrent d'autres peuples partis comme eux du plateau central de l'Asie, grand berceau de tous

2

les peuples, et ils se confondirent avec eux, ou les absorbèrent. La principale tribu gauloise, celle des Gaëls, s'établit entre la Loire et la Garonne, de sorte que l'Auvergne ou Arvernie fut le centre même de leur empire.

Des marais inexplorés, des forêts impénétrables couvraient le sol, dans les plaines comme dans les montagnes. Le chêne et le bouleau étaient les principales essences de ces forêts vierges qu'habitaient principalement le sanglier et l'urus, ou bœuf sauvage.

Les Gaulois, peuple pasteur, venus en poussant devant eux de nombreux troupeaux dont les porcs composaient la principale partie, trouvèrent, dans un tel pays, de quoi les élever facilement ; ils s'y virent à souhait eux-mêmes pour la satisfaction de leur goût pour la chasse; et la guerre, qu'ils affectionnaient encore plus, ne pouvait manquer de s'offrir à eux, soit pour se défendre contre d'autres envahisseurs, soit pour vaincre la résistance de ceux dont ils troublaient la tranquille possession du pays.

Plus tard, quand ils furent bien assis dans leur conquête, les Gaulois se livrèrent à la culture des céréales qui prit plus d'extension après que la Gaule eut été réduite en province romaine.

L'habitation des Gaulois était aussi primitive que leur manière de vivre. Des cabanes de bois ou d'argile couvertes de chaume, de roseaux ou de joncs, un creux profond dans la terre suffisaient pour les abriter tant bien que mal et pour mettre leurs grains à couvert d'un coup de main.

Leur costume était assez semblable à celui du paysan breton, qui tend à disparaître. Il consistait en une casaque à manches, peu différente de la blouse, qu'on appelait saye, en des brayes ou chausses qui descendaient jusqu'aux genoux seulement, et en un manteau comme celui des bergers de nos montagnes. Les guerriers, pour inspirer la terreur, ornaient leur front d'une tête d'animal, ou tout au moins de cornes de taureaux ou de buffles.

La religion des Gaulois n'est pas si facile à définir que leurs habitudes de vivre; ils n'ont laissé aucun document écrit qui puisse nous révéler ses mystères restés dans l'ombre. Ils avaient des divinités que les historiens ont appelées Hésus, Teutatès, Bélénus, etc.; les Druides, leurs prêtres, avaient une grande autorité civile autant que religieuse. Le culte était l'adoration de la nature; une fontaine, un arbre, un rocher étaient pour eux l'objet d'une vénération aussi profonde que superstitieuse; mais, dans les occasions suprêmes, ils immolaient des victimes humaines sur les autels de pierre qu'ils érigeaient au sein des forêts. Une de leurs cérémonies les plus remarquables était la récolte du gui sacré, qui s'attachait aux branches du chêne; le chef de la religion, revêtu de sa robe blanche flottante sur ses talons, armé de la faucille d'or, procédait à cette œuvre capitale, entouré de la multitude silencieuse et recueillie.

Tel était, en quelques mots, l'état natif, social et religieux des Gaulois, qui vivaient par tribus ou castes, mais non par corps de nation.

Il en fut ainsi jusqu'au temps de la conquête romaine qui prit fin l'an 51 avant Jésus-Christ. L'un des chefs qui avaient le plus entravé les progrès de Jules César était originaire de l'Arvernie et s'appelait Vercingétorix. Par sa valeur et son habileté, il avait obligé son adversaire à lever le siège de Gergovie, près de Clermont; mais, vaincu à son tour et pris, il servit au triomphe du vainqueur et fut décapité.

Pendant cinq cents ans, les Romains s'attachèrent à introduire en Gaule les mœurs de leur pays et à contrebalancer, pour la détruire, l'influence des Druides; mais ils ne réussirent jamais à faire perdre au pays conquis toute sa physionomie ancienne, ni à renverser entièrement la puissance des Druides.

Il fallut le christianisme pour l'éteindre à jamais et conquérir l'esprit de la population en la captivant par la foi religieuse. La religion du Christ s'était déjà implantée en Gaule avant la chute de l'empire d'Occident et y avait fait de grands progrès, malgré la persécution sanglante exercée par les empereurs contre les chrétiens, pendant trois siècles.

Tout à coup apparurent, pour recueillir les débris du vieux colosse, les Francs de Clovis, notre premier roi chrétien.

Sidoine Apollinaire, avec son langage emphatique, mais plein d'énergie, les dépeint en ces termes : « Ils naissent avec un amour extrême pour la guerre ; élevés dans cette passion, ils ne savent ce que c'est que reculer dans le combat ; s'ils succombent sous le nombre, ils ne sont pas encore vaincus ».

A l'encontre des Gaulois, les Francs vivaient en corps de nation et non par tribus, ils étaient aussi plus sédentaires.

Clovis et les siens occupaient déjà le nord des Gaules, entre le Rhin et la basse Meuse, quand se disloquait l'empire d'Occident. Il s'empressa d'attaquer Syagrius, général romain, et le défit ; bientôt, il se vit maître de tout le pays du nord et porta ses armes au sud de la Loire ; il conquit l'Aquitaine et soumit l'Auvergne.

La bataille de Tolbiac, où Clovis se convertit, ouvrit pour la Gaule une ère nouvelle qui devait faire d'elle la fille aînée de l'Eglise et, sous le nom de France, l'élever au rang des plus glorieuses nations.

A la mort de Clovis, l'Auvergne échut à son fils aîné, Théodoric, qui, un jour, dit à ses guerriers : « Suivez-moi, je vous conduirai en un pays où vous prendrez de l'or et de l'argent autant qu'il vous plaira, d'où vous enlèverez des esclaves, des troupeaux et des vêtements en abondance ». Saint Grégoire de Tours, de qui sont ces paroles, connaissait bien l'Auvergne, dont sa famille était originaire, et il est permis de croire à sa parole lorsqu'il énumère ainsi les richesses de son pays.

Les Francs tournèrent les montagnes du Cantal et vinrent mettre le siège devant le château de Mérolhac (Chastel-Marlhac) qu'ils enlevèrent.

Qu'était Chaussenac sous les Gaulois? Un assemblage de pauvres huttes habitées par de pauvres gens demi-sauvages; sous les Romains, peut-être, on y voyait de jolies villas princièrement habitées; quant au temps de Clovis et après, la suite de ce chapitre et le suivant diront au lecteur ce qu'il désire en savoir.

Il est fait mention de Chaussenac dans des documents très anciens et très sûrs, tels que le testament de sainte Théodechilde, — fille de Clovis, croit-on généralement — pièce refondue au IXᵉ ou Xᵉ siècle, et dans le dénombrement des biens du monastère de Mauriac, qui est de l'an 824.

On lit dans le premier : *Et casam indominicatam in loco nuncupato cuciniaco cum appenditiis.* A Chaussenac est une demeure seigneuriale avec ses dépendances. — Celles-ci étaient : *Montefugo,* le Fangeac et *Cartigeas,* Artiges, villages de Tourniac aujourd'hui ; *Tarpiaco,* que M. Delalo traduit par Trébiac, aux portes de Mauriac.

Chaussenac, parait-il, prima tout le pays d'alentour, même Mauriac, dans le début du haut moyen-âge. Il fut une des principales résidences du comte Basolus en Auvergne ; c'est de la villa de Chaussenac que relevaient, au point de vue administratif, les sept ou huit paroisses ou églises du fameux comte, éparses dans le pays qui forme aujourd'hui l'arrondissement de Mauriac. C'est à Chaussenac que se concentraient les redevances, là qu'était le chef lieu du territoire qui appartenait à Basolus.

Cette terre de Chaussenac, confisquée par Clovis sur le comte devenu rebelle, donnée à sainte Théodechilde, sa fille, qui la donna elle-même au monastère de Sens, qui en dota à son tour le monastère de Mauriac, récemment fondé, fut le principal noyau des premières possessions de ce dernier couvent.

Tel est ce que nous avons pu recueillir, çà et là, sur le passé de Chaussenac, aux temps les plus reculés.

Non loin du bourg, en allant vers Contres, on voyait, dans le communal de l'Algère, un reste non douteux de la religion druidique, s'il est vrai que le menhir, comme le dolmen, puisse être considéré comme monument religieux. Beaucoup le regardent comme une simple borne, marquant une délimitation territoriale.

Deux énormes pierres, connues sous le nom de *pierres du géant,* existaient encore, il n'y a pas longtemps : c'étaient deux menhirs.

Il me souvient que, dans ma prime enfance, lorsque j'allais de mon village à l'école de Chaussenac, mon panier au bras et mes livres dans la poche, je passais juste à côté des fameuses pierres, et non sans grande frayeur. Jugez donc ! Si, tout à coup, le géant qui les déposa là était sorti de terre ! Est-ce qu'on ne voyait pas, sur la principale pierre, les cinq doigts bien marqués du colosse qui l'avait apportée comme en se jouant ! Et j'avais commis l'imprudence, un jour, d'y aller constater le fait !...

La hauteur de chaque pierre pouvait être d'environ deux mètres.

Or, les menhirs ne sont plus et on doit le regretter : leur destruction est du pur vandalisme. La *pierre du géant* n'est plus qu'un débris informe, encombrant inutilement le terrain.

Nous soupçonnons, non sans motif, que quelqu'un, imitant l'homme à la *poule aux œufs d'or,* aura voulu s'approprier le trésor que la pierre cachait sous sa base, et pour ne rien découvrir, aura mis ainsi en morceaux un monument qu'il eut fallu conserver.

Nous ne terminerons pas cette note sur la *pierre du géant* sans mettre sous les yeux du lecteur la légende suivante, qui est toute pleine d'allusions à ce que nous avons dit de Basolus et de sa domination sur Chaussenac et le pays d'alentour.

« C'était au temps de la féodalité, lorsque tant de puissants seigneurs tenaient sous le joug le pauvre peuple ; un de ces oppresseurs de l'humanité avait, sous sa dépendance, Chaussenac et une grande partie du territoire environnant.

« D'abord, ce puissant maitre se montra bon prince, fut clément pour ses vassaux, qui l'aimaient et s'applaudissaient d'un sort si doux.

« Tout-à-coup, on ne sait comment, le comte devint méchant, cruel, oppresseur.

« Ambitieux et avare, pervers et sans cœur, il ne respecta rien ; pour lui, rien ne fut sacré : ni le droit de propriété, ni la liberté privée, ni la couche nuptiale, ni la vertu de la jeunesse, ni les cheveux blancs des vieillards.

« Satisfaire ses infâmes passions, accumuler des trésors injustement acquis, se gorger de viande et de vin, contenter tous les désirs de son être avili, telle fut désormais sa vie. Il n'y eut aucune vexation qu'il ne se permît pour atteindre ses fins.

« Les serfs, étonnés, incapables d'expliquer cette cruauté d'un homme naguère si bon, subirent assez patiemment les effets de ses plus durs caprices, avec l'espoir que le retour à des sentiments meilleurs ne se ferait pas attendre.

« Vaine attente! Leurs timides protestations, loin de toucher le tyran, ne firent que l'aigrir davantage et le joug qu'il fit peser sur eux fut jugé insupportable.

« Tandis que les femmes, les vieillards se lamentent et que les enfants sont dominés par la peur, la partie virile de la population s'unit, s'arme contre le monstre et lui oppose la plus vive résistance. Plus d'un fut victime de son courage, mais le comte comprit qu'il avait désormais à qui parler. Menacé lui-même dans ses biens et dans sa vie, il prit le parti désespéré de s'allier avec Satan.

« Ayant caché ses trésors dans la forêt qui entourait le village, s'étant armé jusqu'aux dents et entouré d'une garde nombreuse il ne se tint pas encore pour rassuré, et ce fut alors qu'il vendit son âme au diable en échange de sa protection.

« Le démon ne lui demanda rien de plus que la continuation de sa vie de débauche et d'injustes vexations et lui promit, à cette condition, de le défendre lui et ses biens.

« Cependant, quelqu'un qui avait observé ce suppôt de l'enfer, pendant qu'il enfouissait son or, dénonça l'artifice, et des gens déterminés se résolurent à le déterrer.

« Tandis qu'ils étaient occupés à déblayer le terrain, tandis que le métal précieux résonnait déjà sous les coups de pioches, ils virent venir de loin un homme d'une taille prodigieuse, portant au-dessus de sa tête, sur une seule main, un énorme quartier de roche, et, avant qu'ils eussent eu le temps de s'écarter, la masse rocheuse s'abattait sur eux et les enfouissait avec l'or du comte. Les témoins de ce châtiment du démon fidèle à la foi jurée s'éloignèrent épouvantés, et le trésor demeura à jamais enseveli sous la pierre sur laquelle le géant avait imprimé les cinq doigts de sa grosse main.

« Cependant le comte, ainsi protégé, devint si arrogant, si despote, si cruel, que le roi, instruit de ses forfaits, lui intima l'ordre de sortir de ses domaines, sous peine de la liberté et de la vie.

« Le coupable, ne tenant aucun compte de cet ordre royal, fut déclaré rebelle et se vit dépossédé de tous ses biens. »

Le trésor fut si bien enfoui que mille ans après, en brisant la pierre, on n'en a pas trouvé de trace. C'est le récit des vieilles nourrices que nous venons de traduire.

Toutefois, cette légende est presque l'historique des démêlés de Basolus avec le roi Clovis,

et c'est l'explication populaire des fameuses
pierres dont on ne parle déjà plus à Chaussenac, le nom même de *pierre du géant* tendant à
disparaitre, depuis la destruction malencon-
treuse des menhirs.

M. Déribier, dans le *Dictionnaire historique*,
parle de traces d'habitations gallo-romaines
dans les champs voisins des menhirs. Ces
traces ne nous semblent pas absolument certaines en cet endroit, mais on en trouve dans
d'autres parties de la commune. M. Chavinier,
ancien curé de Chaussenac, gardait avec amour
une brique à rebords qui pouvait provenir de
là ou bien de Cussac, où, comme nous le dirons
bientôt, les traces d'établissements gallo-ro-
mains ne semblent pas douteuses.

Le même auteur signale aussi une *fontaine
sacrée,* située non loin des menhirs, dans laquelle il a vu également un souvenir druidique.
Telle qu'on la voit maintenant, la dite fontaine
n'offre rien de particulier et ressemble entièrement à celles qui, dans presque tous les villages
de Chaussenac, affectent la même forme. C'est
un carré couvert, en maçonnerie de granit de
Saint-Julien, qui ne doit pas remonter bien
haut, attendu que, dans notre pays, il n'y a pas
plus d'une cinquantaine d'années que l'on se
sert de ce granit. La source, du temps des Gaulois, a pu et dû être l'objet d'un culte ; nos
ancêtres adoraient passionnément la nature, et

le voisinage de la fontaine et des menhirs autorise ce sentiment.

Ce qui paraît moins prouvé, « c'est que les naïfs habitants du pays *aillent encore*, en temps de sécheresse, demander la pluie en trempant les pieds de Saint Etienne, patron de la paroisse, dans l'eau de la fontaine qui porte son nom.

Nous savons que Chaussenac est allé souvent chercher la pluie ou le beau temps à Saint Til de Brageac, notamment en 1895, où Mgr Pagis présida la procession ; mais nous croyons savoir aussi que la fontaine de Saint Etienne n'est plus, depuis longtemps du moins, un lieu de pèlerinage. La supposition de l'auteur du *Dictionnaire historique* est gratuite et ressemble à une charge contre les Chaussenacois.

Nous ne disconvenons pas qu'au temps où la foi chrétienne, plus ardente, avait de trop ce qui lui manque aujourd'hui, mêlant à la vérité quelque superstition, le fait n'ait pu avoir lieu ; mais, hélas ! nous n'en sommes plus capables maintenant : la superstition n'est plus de mode et c'est assez que nous restions fidèles aux pratiques religieuses reconnues légitimes et essentielles.

J'estime que la fontaine druidique s'appela *de Saint Etienne* pour expier et faire oublier les insanités du culte druidique qui, tout poétique qu'il était, renfermait des usages barbares et n'était que le fruit de l'inspiration diabolique.

C'est ainsi que le beau *dolmen* de Beaujaret, près Saint-Christophe, était accosté d'une croix dite de l'*abbé*, qui faisait ressortir le contraste qui existe entre le mensonge et la vérité. La fontaine de Saint-Etienne nous a semblé remplir le même rôle à Chaussenac, avec sa nouvelle dénomination qui l'a sanctifiée. Puisque par rapprochement nous avons été conduit à parler du dolmen de Beaujaret, qu'on nous laisse regretter sa récente destruction par un acte privé arbitraire. C'est bien dommage que son classement parmi les monuments historiques ne l'ait pas sauvé de ce vandalisme inconscient.

Le bourg actuel de Chaussenac a plus de 80 feux et plus de 300 habitants. Bien bâti, il s'améliore chaque année par la disparition des toits de chaume qui ne laisseront bientôt aucune trace ; outre l'embellissement qui en résulte, il y a, dans ce fait, une source de sécurité publique assurée. Il est rare de rencontrer une bourgade aussi bien située, au centre d'une plaine de 698 mètres d'altitude, entourée de ses cinq villages qui forment autour du chef-lieu une couronne et dont le plus éloigné n'est qu'à 2 kilomètres 500. Le voisinage de Pleaux et de Mauriac, qui sont à peu près à égale distance de Chaussenac, la proximité de la station de Drignac sont autant de moyens d'exportation et d'importation faciles et le bureau des postes et télégraphes assure la rapidité des communications depuis tantôt deux ans.

Nous quitterons maintenant le bourg où nous aurons maintes fois l'occasion de revenir et nous irons tout droit à Contres, que l'on voit là-haut dans la direction de l'Est et non loin d'Ally.

CONTRES. — Situé sur une colline de 717 mètres d'altitude — presque autant que le Puy de Bouval, — ce village se compose d'une douzaine de maisons. C'est le plus petit de la commune, après Cheyssiol, qui doit avoir un peu moins de population.

On y accède par un chemin vicinal à large voie, mais que ses constructeurs prirent plaisir, il y a quarante ans et plus, à diriger du côté qu'il ne fallait pas ; c'est la partie la plus froide de l'ancienne Algère. Il est vrai qu'on faisait alors entendre au village qu'à ce chemin s'embrancherait un tronçon qui irait rejoindre, au-dessus de Vidal, la route de Chaussenac à Pleaux. Cette promesse est bien longue à se réaliser !

Le village de Contres, de même que celui de Cheyssiol, parait être de date relativement récente ; on ne le trouve guère mentionné avant le XIIIᵉ siècle.

On y remarque une petite chapelle romane, dédiée à Saint Jean-Baptiste, dont il importe de faire l'historique.

C'était en l'an 1782 ; un violent orage s'abattit

sur le village et deux granges furent incendiées. L'une d'elles appartenait à la famille Laden-Dufayet, et l'autre était à la famille Lachaze, la plus ancienne du village, croyons-nous. Depuis ce jour-là une ruelle de Contres porte le nom de *charrieiro cramado* — rue brûlée.

En ce temps-là, la foi était profonde et la confiance sans hésitation. Les victimes de l'incendie voulurent se mettre sous la protection du ciel, et, avec le concours de tout le village, ils transformèrent en oratoire public une sorte de niche bâtie dans le mur d'un pré de Jean Laden, mon bisaïeul, et qui contenait une grosse croix en terre cuite, pesant plus d'un quintal.

On construisit simplement deux murs perpendiculaires au premier, de manière à former un carré de huit mètres de superficie, fermé sur le devant par une grille en bois. Tel fut le premier oratoire. L'œuvre n'était pas d'une solidité à toute épreuve, car, cent ans après, ce n'était qu'une ruine. Outre la croix, qui porte un Christ en relief et la Vierge à droite avec un Saint Jean l'Evangéliste à gauche, on mit dans la chapelle une statue de Saint Roch et une de Saint Jean-Baptiste, qui avaient pour principal caractère d'inspirer aux enfants une invincible terreur. Que voulez-vous? En ce temps-là, on faisait comme on pouvait; il n'y avait pas les facilités de communications que nous avons aujourd'hui et force était de s'adresser au pre-

mier statuaire venu, fût-il artiste ou maladroit.
Les saints de Contres étaient donc l'œuvre
d'un certain *Alexis*, d'Ally, qui travaillait beaucoup plus avec la hache qu'avec un fin ciseau.

En 1890, on refit la chapelle, élégante, pro-
prette, ornée d'un bel autel roman, que déco-
rent deux statues non moins belles, représen-
tant S. Roch et S. Jean-Baptiste. Mgr Pagis,
que l'on est sûr de rencontrer là où il y a une
bonne œuvre à faire, à favoriser, les envoya de
Verdun, d'où viennent souvent d'autres dons
précieux.

La croix antique est restée comme souvenir,
non comme œuvre d'art.

La chose la plus curieuse du village de Contres est un vieux tilleul, Sully des plus éton-
nants, creux entièrement de la base à la racine
des branches. Il n'a pas moins de neuf mètres
de circonférence à la base. Ses racines, très
saillantes au départ, par suite du glissement
du terrain, s'enfoncent à de grandes profon-
deurs et donnent des rejetons à plus de cinquante mètres de distance, dans la prairie
voisine. Seulement, comme tout a une fin, même les arbres, le vénérable de Contres s'en va
rapidement ; nous ne l'avons pas vu de près
depuis quatre ans, mais il nous a paru, de loin,
que sa frondaison habituelle lui faisait défaut
pendant l'été de l'année 1897. — Les habitants
du village feraient bien de choisir, dans leurs

forêts, un sujet de belle venue et de le planter
dans le communal, derrière les granges, mais
de manière à le rendre visible de la rue, ce qui
aurait lieu si on le plaçait dans la ligne de l'é-
chappée de vue qui existe entre les deux principales granges : il succèderait au vieux qui se
meurt, qui est mort !

Contres eut jadis une brasserie que le *Dictionnaire historique* place à Ostenac. Cette fabrique de bière eut son temps de vogue ; mais, de
même qu'elle n'enrichit pas son propriétaire, ainsi elle ne fut pas un établissement
moralisateur pour la population. Nous étions
enfant à cette époque ; cependant, nous croyons
nous souvenir des plaintes des mères de famille
et des maîtres de maisons, au sujet des occasions dangereuses que trouvaient là leurs enfants et leurs domestiques. La disparition de la
brasserie fut un bienfait pour le village, tant au
point de vue moral qu'au point de vue écono-
mique.

OSTENAC. — En allant au nord-ouest, on
rencontre à 3 kilom. de Contres, le village
d'Ostenac qui n'est qu'à quinze cents mètres
de Chaussenac.

Il est mentionné dans la prétendue charte
de Clovis (1) en ces termes : *In villa Austenat*

(1) Quoique cette charte ne remonte que jusqu'au
XII° siècle, elle n'est pas sans valeur, parce qu'on croit
qu'elle se compose de documents très anciens et authentiques, dont ferait partie la vraie charte de Clovis.

coloni duo manent feminæ Gertrudis Beda ancillæ solvunt mappas duas denarios duodecim. — Au village d'Ostenac il y a deux colons, les femmes Gertrude et Bède, serves, qui paient deux nappes et douze deniers.

Ce village est très ancien, mais il nous a été impossible de préciser son origine Quant à l'étymologie du nom rêvée par des idéologues : *hostis hàc — l'ennemi est là, ou a passé par là,* elle est au moins ridicule et certainement contraire à toutes les règles de l'interprétation. *Austenat* et *Ostenat* n'ont rien du mot *hostis ;* et *ac,* en langue d'oc, signifie résidence, lieu où quelqu'un habite.

On remarque dans ce village, une maison dont M. Périer, jadis banquier à Mauriac, était propriétaire, et qui est à sa petite fille, dame Marguerite, épouse de M. Baduel d'Oustrac, qui a succédé à M. Périer comme banquier. C'est de là qu'est originaire la famille Périer, dont une branche est à Escladines et une autre à Méallet. Avant les Périer, établis à Ostenac dans le commencement du dix-septième siècle, la maison s'appelait *du Chassan,* du nom de son propriétaire qui était notaire royal, comme le fut son gendre, Périer, aïeul du banquier. Sur le ruisseau d'Ostenac on trouve encore le hameau *du Chassan* qui appartint à la famille de ce nom.

Une chapelle est annexée à la maison Périer

et appartient en propre à la famille, qui la met à la disposition du village, gracieusement, quand on y célèbre la messe ou le mois de Marie.

Ce village a un nombre important de propriétaires vivant dans l'aisance, comme on trouve d'ailleurs, dans tous les villages de Chaussenac, et n'a point de familles réellement pauvres. Il n'est pourtant pas situé dans la partie la plus fertile de la paroisse; mais si ses prairies sont moins grasses, ses champs sont productifs d'un froment renommé.

Non loin du village, en allant vers les bois, on rencontre une fontaine minérale, dite sulfureuse où l'on boit contre la fièvre, mais sans que son efficacité soit bien démontrée.

CHAPITRE III

Encore les villages : Cussac, Escladines, Cheyssiol

CUSSAC. — D'Ostenac à Cussac, il n'y aurait qu'un pas, comme on dit, s'il ne fallait pas vider un ravin à pentes rapides. Les deux villages sont vis-à-vis l'un de l'autre, sur les rives opposées du ruisseau de Cussac et à une portée de fusil, à vol d'oiseau.

Cussac est situé à l'extrémité sud-ouest d'un plateau fertile et c'est le plus important de la commune, tant pour le chiffre de sa population qui est de cent quarante habitants, que pour certaines particularités dont nous ferons l'objet de notre étude sur ce village.

La première chose qui attire l'attention de l'historien, c'est le château féodal dont la moindre partie, qui reste encore, est habitée par une honnête famille de cultivateurs.

Le village doit certainement son existence au manoir. C'était la coutume à l'origine de la féodalité, que les faibles se missent sous la protection du plus fort, pour être protégés contre les invasions étrangères et les ennemis du dedans. C'est ainsi que cela se pratiquait encore au temps de la guerre de cent ans contre les Anglais et des guerres de religion contre les bandes huguenotes ; c'est ainsi que près des châteaux-forts on vit s'élever de modestes villages, des églises qui devinrent souvent un centre paroissial. On dit que, souvent aussi, les faibles finirent eux-mêmes par être les victimes de la toute puissance abusive des forts ; mais ce ne fut que par une corruption de l'idée primitive qui avait présidé à l'établissement de la féodalité. L'abus, comme on sait, ne constitue pas un principe en sa faveur, mais il confirme celui dont il est une dérogation. D'ailleurs quelles sont les institutions humaines qui, une fois ou l'autre, n'aient pas été la source de quelque abus regrettable? Il faut toujours se défier des appréciations extrêmes, parce qu'il y entre toujours quelque passion.

Le manoir antique de Cussac fut le berceau d'une race très ancienne. On y trouve un Durand de Cussac en 1140. En 1282, c'est Géraud de Cussac, seigneur de Vranzac, aujourd'hui Branzac, près Loupiac, qui l'habite. A la date de 1284, mention est faite d'un autre de Cussac, Guillaume. En 1289, c'est Pierre de Cussac, lequel habitait Mauriac, qui est mentionné dans un acte de vente, comme propriétaire du château de Cussac. Une autre vente, signée par Eyméric de Cussac, est datée d'*Aly*.

Voilà donc six membres de cette noble famille, qui s'éteignit au XIV° siècle, car, après
Eyméric, en 1311, il n'en est plus parlé. Le
château passa à d'autres mains.

Il y a lieu de signaler, durant cette période
de temps, un fait particulièrement intéressant.
Durand de Cussac, le premier membre connu
de cette famille, fit donation, en 1150, au couvent de Doumis (le pestre de Tourniac) de tout
ce qu'il possédait au village de Charafrage, qui
est de Brageac. D'áprès la *Gallia christiana*, ce
couvent de Doumis fut fondé par Bégon. de
Scorailles, envoyé par Saint Etienne d'Obazine,
près de Brive (Corrèze), en 1143. D'après la
même source, le couvent de Doumis fut transféré à Valette, sur la Dordogne, à quelques
kilomètres plus loin, à cause de la sauvagerie
du site de Doumis et de la difficulté qu'avaient
les moines de se procurer, en ce lieu trop isolé,
les choses les plus nécessaires à la vie. Valette,
la nouvelle maison, conserva cependant la
propriété de Doumis.

Le château de Valette vient d'être acquis par
M l'abbé Serres, fondateur et supérieur des
Sœurs garde-malades, pour l'établissement
d'une œuvre charitable.

Le fief de Cussac fut quelque temps aux de
Scorailles dont une fille, Béatrix, l'apporta en
dot à Jean de Moléon. Celui-ci vendit la terre
et le château à Bertrand de Veyrac.

Henri Langeac posséda Cussac qui fut aussi à Blandin Bompar dont la fille l'apporta à Jacques de Douhet.

Le premier château de Cussac détruit depuis de longs siècles, peut être par les Anglais, fut remplacé par un autre de moindre importance matériellement, mais qui avait droit de garde et de guerre. Il consistait en deux corps de logis flanqués de deux tours carrées dans l'une desquelles était la chapelle. Il n'en reste qu'une minime partie. Ce qui manque a été détruit pendant la Révolution ou par le temps. On reconnaît encore les bases des tours.

Une remarque est nécessaire avant de passer à la généalogie des de Douhet qui occupèrent Cussac jusqu'en 1759. Les noms des premiers membres de cette intéressante famille sont tirés de divers auteurs qui m'ont paru s'être tous inspirés de Bouillet ; les autres, à partir de 1696, ont été tirés des registres de la mairie de Chaussenac. Bouillet fait autorité sans aucun doute ; mais comme il n'a mis dans son dictionnaire de la noblesse d'Auvergne que les renseignements qu'il avait reçus des familles intéressées, il a souvent été induit en erreur par ignorance, ou volontairement.

Les documents tirés de la mairie sont infaillibles puisqu'ils reposent sur des pièces officielles.

Le chef de la branche des de Douhet de

Cussac comme des de Douhet d'Auzers, me semble avoir été *Jacques* de Douhet, fils de Pierre, seigneur de Marlat, qui épousa en 1440 ou 1430, Jeanne de St Chamans, de laquelle il eut trois fils : *Antoine, Jacques et Guillaume.*

Le premier, *Antoine,* forma la branche des de Douhet d'Auzers, non éteinte ; le dernier, *Guillaume,* fut chevalier de Rhodes sous le grand maitre d'Aubusson.

Jacques de Douhet, ayant épousé Elie ou Elis Bompar, fille de Blandin, reçut pour dot la seigneurie de Cussac. C'était vers la fin du XV° siècle (1489) Le premier de Douhet de Cussac fut donc Jacques, fils de Jacques et de Jeanne de Saint-Chamans.

De cette union résultèrent les armoiries de la famille de Cussac, qui portait : *Ecartelé, aux premier et quatrième, d'azur à la tour maçonnée de sable,* qui est de Douhet ; *aux deuxième et troisième, de gueules, à la licorne passante d'argent,* qui est de Bompar. — On croit généralement que les de Douhet sont originaires de la ville de Latour (Puy-de-Dôme).

Quoi qu'il en soit, il est acquis que Jacques de Douhet fonda la branche de Cussac et que Antoine fut le chef de la famille d'Auzers.

Jacques de Douhet de Cussac eut plusieurs enfants de son mariage avec Elie Bompar :

1° Jacques, qui continua la lignée, 1491 ;

2° Gabrielle, qui épousa Antoine Meschin
de Romananges ;

3° Gérôme, qui fut chanoine de Brioude ;

4° Jacques, admis au même chapitre col-
légial.

Jacques de Douhet, fils ainé de Jacques et
d'Elie Bompar, épousa, en 1519, Françoise Lavergne de Julhac, dont il eut :

1° Jacques, qui va suivre, 1521 ;

2° Bertrand, chanoine de Clermont ;

3° Louis ;

4° Gabrielle, Antonia et Jacquette.

Six enfants en tout.

Jacques III de Douhet épousa, en 1560, Gabrielle de Murat. Il en eut :

1° Melchior, qui forma le degré suivant ;

2° Françoise, mariée à Pierre de Sarrazin,
seigneur de Bonnefons ;

3° Marguerite, qui s'allia à noble Pierre
de Mornay ;

4° François, chanoine de la collégiale de
Brioude, diocèse de Saint-Flour, et
curé de Tourniac.

Melchior de Douhet, épousa, en 1596, Marguerite de Lasalle dont il eut cinq fils :

1° Pierre, qui va suivre ;

2° Gabriel, homme d'armes ;

3° Louis, seigneur et curé de Tourniac ;

4° Géraud, vicaire de Tourniac ;

5° Gabrielle, qui reçut le voile à Brageac, en 1622.

Pierre de Douhet se maria, en 1627, avec Antoinette-Françoise de Plagnes, dont il eut quatre enfants :

1° Jacques, qui continua la lignée ;

2° Jeanne, mariée à Jean Veyret ;

3° François ;

4° Louis de Douhet, seigneur de Chameyrac, qui épousa Marie Vernet.

Jacques IV de Douhet, épousa dame Marie de la Barre, en 1660, et en eut :

1° Jacques, qui va suivre ;

2° Marie et Gilberte ;

3° Louis, Joseph et François ;

4° Géraud, qui fut le dernier.

En tout sept enfants.

Jacques V de Douhet, en 1696, épousa au château de Cussac, Magdeleine Daudin — non pas Dandin — fille du garde du sceau du présidial d'Aurillac. C'était au mois de mai. — (Voir archives de la mairie de Chaussenac.

Son frère Louis fut marié à Artiges ; Gilberte resta célibataire ; Marie épousa Pierre Diernat, bourgeois de Brageac (Lasudrie). J'ignore le sort des autres fils de Jacques IV.

Du mariage de Jacques V avec Marguerite Daudin, naquirent *douze enfants :*

1° Etienne-Léon, né en 1701, qui continua la lignée ;

2° Géraud, en 1702 ;

3° Catherine, en 1703 ;

4° Marie, en 1704 ;

5° En 1705, 16 novembre, Marie-Jeanne ;

6° En 1707, 15 novembre, Gabrielle, qui vécut célibataire à Cussac et mourut en 1753, le 15 mars.

7° En 1709, Françoise, mariée à Tulle, avec messire Gary, en 1730 ;

8° En 1710, Antoine, qui mourut à Cussac en 1786 ;

9° En 1711, Marc-Antoine ;

10° En 1715, Louise ;

11° En 1716, Marie-Gabrielle, mariée à Pierre Lamartinie, de Rilhac ;

12° En 1719, Françoise-Jacqueline.

Et voilà comment on fait l'histoire : presque tous les auteurs ne donnent à Jacques V de Douhet qu'un enfant : Etienne-Léon. Les registres de la mairie de Chaussenac ne sauraient mentir, et, sauf erreur pour un plus grand nombre, ils en nomment douze, filles ou garçons.

Cependant, Chaussenac a vu mieux que ça. Plusieurs membres vivent encore de deux familles qui ont eu : l'une, 17 naissances, et l'autre, 23. — C'est d'un bon exemple !

La famille de Douhet fut affligée, en 1704, par la mort de Marie de la Barre, qui fut ensevelie dans la chapelle de Saint Blaise, église de

Chaussenac. — L'usage d'enterrer dans les églises était un privilège, soit de la noblesse, soit un droit acquis par quelque œuvre pie ; ordinairement par les frais de construction d'une chapelle de l'église (1).

Léon-Etienne de Douhet, fils aîné de Jacques et de Magdeleine Daudin, se maria en 1734 à Louise Pommerie, fille de messire Pommerie, seigneur de Boissière (Jaleyrac) et maire de Mauriac.

Ils eurent : 1° Ignace-Exupère ; 2° Marguerite-Françoise Marie ; 3° Une autre fille qui mourut religieuse à Brageac un peu avant la Révolution.

Le 8 mai 1758, Augustin Planchard, écuyer, conseiller du roy, de Monceau (Corrèze), épousa dans la chapelle du château de Cussac, Marguerite-Françoise-Marie de Douhet qui, dans le partage des biens de son père, Léon-Etienne, avait reçu Cussac qu'elle apporta en dot à Augustin Planchard. La terre de Cussac était importante, comme on peut en juger par la visite des divers héritages qui en faisaient partie et par ce fait que le domaine avait soixante vaches à la montagne. Les de Douhet possédaient en outre des biens considérables à Saint-Bonnet.

— Son frère Ignace-Exupère, épousa Fran-

(1) C'est ainsi que la famille Cabanes, de Contres, dite Belassou, avait droit de sépulture dans la chapelle de Saint Antoine, encore en 1715.

çoise Mirebeau qui lui apporta les domaines de Tougouse, Roche, etc... Son septième enfant Marie de Douhet, épousa, en 1808, Jacques Baldus, de Fraissy, commune d'Ally, et fut la mère de Maximilien Baldus, mort évêque en Chine, en 1872.

Jean-Maximilien de Douhet, fils d'Ignace-Exupère, laissa en mourant trois filles dont une fut la mère de M. l'abbé Léopold Lafarge, curé de Saint-Jacques-des-Blats.

Nous revenons à Cussac — En 1759, naquit Marie-Anne Planchard, fille d'Augustin et de Marguerite Françoise-Marie de Douhet ; elle eut pour parrain, Alexis Planchard, son oncle, de Monceau.

En 1760, naissance de Louis-Alexis Planchard. En 1765, naquit Timothée-Ignace Planchard, le dernier de cette famille qui soit né à Cussac. Dans l'acte de baptême il est dit : « fils d'Augustin Planchard, habitant Monceau, mais de présent à Cussac. » J'ignore s'il y eut d'autres enfants.

Le nouveau-né de 1860, Louis-Alexis, épousa Angélique-Marie de Monclar, dont ie frère vivait près de Mauriac. Louis-Alexis fut préfet de Mauriac de 1817 à 1823. Il y mourut âgé de 63 ans. Louis-Alexis Planchard habitait *Noniars*, dans la Corrèze, près de Beaulieu, avant d'être sous-préfet de Mauriac ; sa veuve, Marie-Anne-Angélique de Montclar y habitait en 1725 ; nous la trouvons peu après (1829-1830) à Anglards, où elle avait acquis le château qui sert aujourd'hui de presbytère et avait été, avant la Révolution, aux de Monclar. La veuve du sous-préfet y demeurait avec ses deux fils, Henri-Antoine-Adolphe de Cussac, et Jean-Louis-Alexis, ancien officier de cavalerie.

Léon-Etienne de Douhet, aïeul du sous-préfet, était mort à Cussac en 1779.

Il y a des Planchard en Limousin, notamment au château de La Grèze, paroisse de Brivezac. Le propriétaire actuel. de ce château est fils d'une Lamargé de Fontanges et a épousé une Argairolles de Miermont, parente de la famille Pau d'Ostenac.

Depuis le commencement de ce siècle, soit par l'exécution de travaux agricoles, soit par des fouilles entreprises à dessein on a maintes fois découvert dans les champs et prairies de Cussac, de nombreuses briques dites romaines, un canal, un four, une amphore sur le ventre de laquelle était représentée une oie ; malheureusement, le coup de pioche qui la mit au jour la réduisit presque en miettes.

Sur le plateau où est situé le village, on voit aussi des terrassements triangulaires, pareils à ceux qui entouraient les camps romains.

Les savants n'ont pas manqué de reconnaître dans ces vestiges des souvenirs de la période gallo-romaine, qui s'étend de l'année 51 avant

Jésus-Christ jusqu'à la chute de l'empire d'Occident, en 476.

Nous ne nous arrêterons pas à discuter cette affirmation de la science qui doit avoir ici raison.

Et le lecteur, croyons-nous, fera bien aussi d'accepter leur opinion de confiance.

En présence de ces vieux débris, j'eus une vision sanglante : fuyaient des troupes vaincues devant d'autres troupes victorieuses ; des cavaliers brandissant des armes terribles, poursuivaient à outrance les fuyards ; le sol, rouge de sang, était jonché de cadavres, et c'était le signe certain d'une longue mêlée et d'un acharnement furieux dans le combat.

Quelles étaient ces troupes ? Pourquoi ce sanglant assaut ?

D'érudits chroniqueurs assurent que l'an 451 de l'ère chrétienne, Attila, roi des Huns, le *fléau de Dieu*, fut vaincu là par Aétius, général romain, secondé par Mérovée, roi des Francs.

Anquetil, on le sait, a fait prévaloir l'opinion que les champs catalauniques sont, non pas en Auvergne, mais près de Châlons ; d'autres prétendent que les *Campi Mauriaci*, près d'Arcis, furent le théâtre de la défaite d'Attila.

Est-ce cette dénomination de *Campi Mauriaci* qui a tenté le patriotisme des chroniqueurs auvergnats qui ont transporté les *champs catalauniques* entre l'*Incon*, la *Maronne* et l'*Auze*?

Il est certain que le lieu ne serait pas mal choisi ; mais, s'il n'est pas absolument incontestable que Anquetil ait raison, il n'est pas prouvé non plus que les champs de Cussac soient les vrais *champs catalauniques*.

Notre patriotisme d'Auvergnat nous impose le devoir de désirer que quelque chroniqueur, habile à débrouiller le chaos historique des temps où s'accomplit le fait dont nous parlons, puisse démontrer que Anquetil et Amédée Thierry se sont trompés et donner ainsi raison à ceux qui ont cru pouvoir placer en Auvergne la défaite d'Attila

Pour ma part, je crains bien que l'opinion de ceux-ci ne reste longtemps et même toujours à l'état de légende.

Il faudrait supposer et prouver que les Huns battus à Orléans, se jetèrent dans le pays des Arvernes au lieu de regagner la Champagne par où ils étaient venus.

Telle est la question, et la difficulté de la résoudre est ou paraît insurmontable. — *Les plaines d'Anglards* risquent de partager le même sort et d'être, elles aussi, privées de la gloire d'avoir servi de théâtre au massacre des Huns, comme on a essayé de l'établir.

ESCLADINES. — Nous passons de Cussac à Escladines en franchissant Cheyssiol que nous retrouverons plus tard ; mais ce n'est pas sans envoyer un cordial au revoir aux habitants du

4

village que nous venons de visiter, où nous avons été si bien accueillis.

Escladines est mentionné comme il suit dans la charte de Clovis : *in villa Uscladinas, coloni tres manent ibi Godrandus, Bertrandus et Audulphus servi solvunt solidos tres vaccas tres ad quintum annum.* — Au village d'Escladines il y a trois colons, serfs, Godrand, Bertrand, Audulphe, qui paient trois sols et trois vaches tous les cinq ans. La mention ajoute : *sunt et aliæ villæ huic adjacentes ejusdem census.* Ces autres villages voisins d'Escladines ont disparu, à moins qu'il ne s'agisse de Chavergne, Fraissy, Chameyrac, etc...

Escladines fut jusqu'en 1793, une baronie dont on retrouve les traces dans la maison Olivier, dite chez *lou barou.* Ce baron n'était autre que le baron Pouzzols de Bournazel, seigneur de Saint-Cernin, Escladines et autres lieux, dont nous avons maintes fois trouvé le nom dans les registres de la mairie, à des époques diverses.

Une pièce authentique que j'ai sous les yeux en ce moment, et qui porte la date de 1774, ne laisse point de doute à cet égard. D'après cet acte judiciaire, il résulte que le baron l'ouzzols de Bournazel était juge ordinaire d'Escladines. Antoine Basset, curé de Chaussenac, lui défère un litige entre lui et sa parente, probablement sa sœur, la veuve Vigié de chez la *grabièlo,*

d'une part; et quelques personnes du bourg,
d'autre part... Il est inutile que le lecteur sache
quelle fut la solution de l'affaire; ce qui im-
portait, c'était d'établir les droits du baron
Pouzzols de Bournazel sur Escladines. Cependant ce village, croyons-nous, relevait en partie
de l'abbaye de Brageac. — Pour en avoir la
certitude et établir les limites entre les droits
de l'abbesse et ceux du baron, il faudrait avoir
le terrier de l'abbaye, qui a dû disparaitre pendant la Révolution et qui nous serait si précieux maintenant. On ne se fera jamais une
idée exacte des pertes éprouvées pour l'histoire
de notre pays pendant la Révolution. Cette
période néfaste, commencée dans les meilleures
intentions, devint l'occasion d'excès inspirés
par la haine des classes et la vengeance populaire ne connut point de bornes.

On s'en prit à tout, on fit tout pour l'anéantis-
sement de tout ce qui touchait au clergé, à la
noblesse, aux couvents, aux traditions du passé.
Qui en a le plus souffert? Les victimes ont eu
leur compensation ou dans ce monde, ou dans
l'autre, mais l'histoire de notre pays en a obtenu
des lacunes qui demeureront irréparables sans
parler des autres maux qui s'en sont suivis.

On voit à Escladines une jolie chapelle assez
vaste, bien tenue, dédiée à saint Jean-Baptiste,
du nom du propriétaire qui la fit bâtir. Elle
appartient à la famille Périer et fut bénite en

1888. Il y a sous la chapelle un caveau de sépulture.

Il y avait longtemps que M. Chavinier m'avait
appris que le mot Escladines dérivait de *Uscla,*
terme celtique qui signifie brûler et qui s'applique spécialement à l'action de griller le poil du
porc que l'on prépare pour la salaison. Comme
le curé de Chaussenac, qui se croyait né étymo-
logiste, ne m'avait pas paru toujours heureux
en ces sortes de devinettes qui concernent
l'origine des noms, j'avais suspendu mon jugement au sujet d'Escladines, jusqu'au jour où je
fis la découverte du terme *Uscladinas.* — Ce qui
confirme cette interprétation c'est l'opinion
qui affirme que le village actuel d'Escladines
est récent et que l'ancien qui était plus voisin
du ruisseau fut incendié à une époque qu'on ne
saurait déterminer. Ce sentiment est confirmé
à son tour par la dénomination de *pes usclas* qui
désigne des champs voisins du village.

CHEYSSIOL. — Le nom de ce village, que
l'on écrit à tort Cheyciol, attendu qu'il est
orthographié selon la première manière dans
tous les documents officiels anciens et modernes,
est de date relativement récente. On ne le
trouve pas dans la charte dite de Clovis, et
Cheyssiol a cela de commun avec *Contres.* Le
testament de sainte Théodechilde et le dénombrement des biens du monastère de Mauriac,
qui font mention de Chaussenac et des autres

villages, se taisent sur Contres et Cheyssiol (1).

On voit à Cheyssiol plusieurs importantes fermes et familles recommandables. Le *Dictionnaire historique* aurait pu, comme à Barriac, signaler ici *une maison de quelque apparence*. La maison Lescure-Laden n'est pas aussi ancienne que la maison Dapeyron-Doumis, mais elle a un cachet de distinction bien supérieur. La famille à laquelle elle appartient n'est pas ancienne dans ce village, les Lescure y ont remplacé les Dabernat vers la fin du siècle dernier seulement et sont venus de Vaissières. Au commencement du XVIIe siècle il y avait à Cheyssiol une autre famille Lescure, qui habitait une maison que nous n'avons pas réussi à reconnaître.

On voit non loin de la maison Laden-Lescure une élégante chapelle dédiée à Marie-Immaculée. Elle fut construite en 1852, pour l'usage de M. le chanoine Laden qui se retirait à cette époque et pour MM. les abbés Lescure qui débutaient dans le ministère paroissial et n'en usaient que pendant leurs visites à la famille.

La chapelle de Cheyssiol, comme celle d'Escladines, a un caveau de sépulture où reposent déjà neuf membres de la famille Lescure-Laden.

C'est ainsi que tous les villages de Chaussenac, Cussac excepté, ont leur oratoire public

---

(1) Nous avons trouvé plusieurs pièces qui prouvent que Cheyssiol fut un fief dont le seigneur, Drapeyron, était le juge ordinaire, en 1678.

ou privé, ce qui est d'un précieux secours pour les exercices du mois de Marie.

— Plusieurs hameaux sont dispersés sur toute la surface de la commune. Les deux plus anciens sont celui *du Chassan*, que nous avons déjà mentionné, en parlant d'Ostenac, et le moulin *del Sartre* qui l'avoisine.

Le *Fougeret* (lieu rempli de fougères) est sur le chemin de Contres et remonte à l'année 1835 ; non loin de là est une autre maison perdue dans la bruyère, et de date plus récente ; une troisième maison, qui remonte à l'année 1867, se voit au-dessous du Fougeret, sur le bord du chemin de Contres. C'est le commencement d'un groupe qui ne paraît pas appelé à s'accroître beaucoup.

La *Croix d'Escladines* et *Bellevue* sont sur la route de Pleaux. La première de ces maisons a quarante ans d'existence, les deux autres sont plus récentes.

Vidal, plus anciennne, est à 500 mètres du bourg ; je me souviens du temps où il n'y avait qu'une maison, celle qui appartient à la famille *Lescure-Guillem*. Puis vint la maison de Rabbiat qui date de 1849 ; et enfin, quatre autres qui, groupées autour de la première, forment aujourd'hui un petit village de 25 habitants.

A 150 mètres de Vidal, en revenant vers Chaussenac, se trouve la maison de campagne de Monseigneur Pagis, évêque de Verdun.

Elle se compose d'un corps de logis carré et flanqué de deux pavillons qui lui donnent un aspect princier. Situé au milieu d'un enclos planté d'arbres d'essences variées, cette maison rurale est bien une des plus intéressantes de la contrée et une des plus agréables résidences du canton de Pleaux.

C'est là que Monseigneur Pagis vient tous les ans en villégiature, et toujours il y est accueilli avec force marques de sympathie par ses anciens paroissiens restés ses amis et devenus ses compatriotes ; c'est là que tous les ans il leur donne de nouvelles marques de son dévoûment et de son inépuisable générosité.

Sur la route de Mauriac, non loin du cimetière, on voit trois maisons récemment construites.

Et puisque j'ai nommé le cimetière qui fut établi là quelque temps après le partage de l'Algère , et formé d'une partie du lot dévolu à la cure, qu'on me permette de dire qu'il pourrait être l'un des plus beaux du pays, si on avait distribué les concessions privées avec plus d'intelligence et mis plus d'ordre dans la division du terrain. Tel qu'il est, son aspect flatte peu le regard et il est difficile de l'entretenir décent.

Le dénombrement des biens du monastère de Mauriac parle de la *villa Fajola,* près de Chaussenac.

C'était sans doute un village ou hameau, situé non loin du puy *Fageole*, voisin de Cheyssiol.

Nous n'avons pour le conjecturer que la similitude des noms ; mais cette similitude même nous parait assez démonstrative sans qu'il soit besoin d'autres preuves pour faire cette supposition.

Nous terminerons ici cette longue promenade à travers la paroisse de Chaussenac. Ainsi que nous l'avons remarqué au sujet d'Escladines, la suite de notre *Notice* nous fournira l'occasion de compléter ce qui n'a pas été dit du bourg et des villages dans le 2e et le 3e chapitres.

CHAPITRE IV

—

L'église — Construction primitive — Remaniements
Le clocher — Mobilier

———

Nous revoici au bourg pour visiter l'église et raconter son passé. Dans la charte de Clovis, on lit : *In villa Cuciniaco est ecclesia sancto Stephano dicata coloniæ tres manent Remigius, Castavols, Waifrandus servi solvunt denarios 18 vaccas duas.* — Au village de Chaussenac est une église dédiée à St Etienne ; il y a trois colonges ou métairies, y habitent Rémi, Castavols et Waifrand, serfs, qui paient dix-huit deniers et deux vaches.

La paroisse de Chaussenac appartenait à l'abbaye de Brageac, probablement depuis la fondation du couvent, au XII° siècle, et il en fut ainsi jusqu'à la Révolution. Le curé de cette paroisse était donc à la nomination de l'abbesse, qui le désignait mais qui ne pouvait lui donner aucun pouvoir de juridiction ; l'évêque de Clermont, de qui dépendait l'arrondissement actuel de Mauriac en avait seul le droit. — Nous avons déjà vu que cette église, au V⁰ siècle, était au comte Basolus, qui fut dépossédé par Clovis au profit de sa fille ou nièce (1), Sainte Théode-childe ; elle dut passer au monastère de Mauriac jusqu'à ce qu'elle fut annexée à celui de Brageac.

Saint Etienne, premier martyr, en est encore le titulaire et le patron.

Quand on entre dans l'église de Chaussenac, le premier sentiment que l'on éprouve est celui d'une satisfaction esthétique qui fait que l'on s'écrie instinctivement : Voilà une belle église !

L'aspect général est, à première vue, de style roman qui est celui qui prévalut dans le haut moyen-âge, jusqu'au XIII⁰ siècle ; cependant, l'œil le moins exercé reconnait, sans long examen, qu'elle appartient à l'époque de transition, c'est-à-dire à ce temps qui servit de passage du roman au gothique et qui fut de peu de durée. Comme il est historiquement vrai que le gothique succéda au roman plus lentement dans le midi et le centre que dans le nord, l'église de Chaussenac peut être aussi bien placée au XIII⁰, ou même au commencement du XIV⁰ siècle, qu'à la fin du XII⁰. — Au XIV⁰ et même au XIII⁰ siècle, le gothique l'emportait,

---

(1) Les critiques ont établi récemment que Sainte Théodechilde n'était pas fille mais nièce de Clovis. Mais ce n'est pas le lieu de discuter cette opinion.

avec ses lignes hardies, sur le roman, plus grave, mais qui avait fait son temps ; il ne devait reparaitre qu'au XIX⁰ siècle.

Pour juger du genre d'une église, il ne faut pas la prendre telle qu'elle est, mais la considérer telle qu'elle fut primitivement. Or, il est facile de voir que l'église de Chaussenac a été remaniée à diverses époques, mais surtout dans les derniers temps. Les parties les moins dénaturées sont le chevet et le chœur.

I. — Avant toute retouche, l'église de Chaussenac comprenait un porche roman, insuffisamment évasé, mais qui n'était pas sans mérite.

Sur les chapiteaux de gauche, on voyait la scène de la Visitation : l'Ange, la Vierge, le Saint-Esprit et le rayon céleste ; à droite était Saint Pierre, que l'on reconnaissait à la clef traditionnelle ; on y remarquait un évêque et un autre personnage qui pouvait être ou Moïse ou Aaron.

Il me souvient que pendant mes vacances de séminariste, en 1861, je passai toute une semaine à débarrasser ce porche de l'enduit de chaux dont on l'avait malencontreusement couvert.

Le porche en question était surmonté d'un des plus laids clochers à peigne qu'il soit possible de voir.

La voûte de la nef n'existait pas avant 1858, époque où M. Chavinier la fit construire. Il y avait à la place un lambris en bois peint en bleu de mer, qui tombait en ruine. Ce lambris était à lui seul une date et reportait l'église primitive de Chaussenac à l'époque que nous avons déjà marquée.

Il est à remarquer que quand nous parlons d'église primitive nous n'avons pas en vue celle dont fait mention la charte de Clovis ; celle-là avait dû disparaître lorsqu'on construisit l'actuelle, de 1100 à 1200.

Les voûtes des chapelles sont très difficiles à caractériser ; elles ne sont pas franchement gothiques comme celle de la nef, elles ne sont pas non plus romanes et rien dans les archives n'a pu nous fixer sur le temps de leur construction.

La voûte du chœur et celles des deux premières chapelles sont identiques, mais elles sont encore plus dépourvues de caractère que celles des autres chapelles.

Les arches des chapelles accusent toutes, sauf une, — je ne parle que des quatre anciennes — la forme ogivale de transition. Les deux dernières ne datent que de l'époque de la construction du nouveau clocher que nous fixerons tantôt.

Le chevet est carré avec fenêtre gothique non retouchée, heureusement ; elle fut ouverte par Monseigneur Pagis, quand il était curé de Chaussenac ; les deux fenêtres latérales étaient

à cintre légèrement brisé ; elles ne sont pleinement cintrées que depuis l'époque où on eut le
tort de les retoucher pour y placer les mauvais
vitraux que l'on y voit encore.

La quatrième fenêtre du chœur, beaucoup,
plus étroite que les autres, n'a aucun caractère.

Les fenêtres des chapelles, toutes cintrées,
n'ont aucun ornement, soit intérieur, soit extérieur. Du côté du nord, les deux plus anciennes
sont moins grandes que celles de vis-à-vis, à
cause du froid ; les architectes-maçons, *les*
logeurs du bon Dieu, ne faisaient rien sans
cause. La fenêtre de la chapelle de saint Antoine est même plus rapprochée de l'autel que
du fond de la chapelle et c'est pour plus de
lumière au missel.

Je ne sais pas pourquoi, aujourd'hui, on
s'obstine à vouloir tout retailler, agrandir, au
mépris des motifs que l'on eut de faire les
choses comme elles sont. Les fenêtres du chœur,
à l'extérieur, sont ornées de billettes romanes ;
la corniche du pourtour du chœur est appuyée
sur des modillons taillés généralement en
biseau, il y en a peu de sculptés et ceux qui le
sont n'ont rien de remarquable.

Il n'y a pas longtemps encore, notre église
n'avait que quatre travées ; deux au chœur et
deux à la nef avec une tribune au fond, sur la
porte. Cette disposition était cause que le chœur

était fort disproportionné avec le reste de l'édifice. Depuis la construction du nouveau clocher, l'église, sans perdre sa tribune, s'est allongée d'une travée et les choses ont été remises au point, les proportions en sont devenues plus satisfaisantes.

L'avancement du maître autel sous la clef de voûte de la première travée du chœur a été heureux aussi à ce point de vue, le chœur en paraît raccourci fort avantageusement. Quoique un peu basse de voûte, l'église de Chaussenac présente maintenant un aspect tout a fait naturel.

L'arceau qui sépare les deux travées du chœur est heureusement supporté par des demi-colonnes à chapiteaux lobés et à bases sculptées.

Quant aux bouquets d'achantes qui soutiennent les nervures de la voûte, ils sont du plus mauvais goût et furent une importation de M. Lora de Mauriac, lorsqu'il peignit le chœur et les deux premières chapelles en 1885.

Nota. — Le cimetière de Chaussenac qui avait été toujours autour de l'église fut transféré au communal de l'Algère en 1856 et bénit par Monseigneur Lyonnais en 1857; la nouvelle sacristie fut construite sous la direction de Monseigneur Pagis en 1874.

II. — Les autels de la Sainte-Vierge et de Saint-Joseph, du genre gothique, sont l'œuvre de MM. Peuch, dont le diocèse de Saint-Flour possède plus d'un chef-d'œuvre. Les fonts baptismaux, qui datent de la même époque (1846 et 1847), sont : la cuve, en pierre de Sion, qu'on a eu le mauvais goût de peindre en marbrure ; et la boiserie en bois sculpté, dans le genre des autels que nous venons de décrire.

Les autres autels des chapelles, plus anciens, appartiennent à la Renaissance et n'ont rien qui puisse les faire admirer ; celui de la chapelle de Saint Antoine de Padoue est l'ancien maitre-autel dont le retable est relégué au grenier de la sacristie, où il est mieux à sa place que dans l'église. Ce n'était pas beau !

Le dallage de la nef, en granit de Chaussenac, très dur, date de l'année 1853 ; celui du chœur est de 1851. Quand l'œuvre est unie et bien ajustée, comme dans notre église, rien ne vaut les dalles naturelles. Le ciment le mieux appliqué sent trop l'art et la symétrie, et il est fâcheux que tout le fond de notre église et les deux dernières chapelles soient cimentés, quand tout le reste est dallé avec perfection. La pierre coûte beaucoup plus cher, il est vrai !

Toutes les fenêtres, moins deux, au nord, sont garnies de verrières d'inégal mérite.

A droite, en remontant de la porte au chœur, on trouve Saint Louis de Gonzague ; en face, du côté du nord, on voit le Baptême de Jésus-Christ dans le Jourdain. Celui-ci a été donné par M. Pau, ancien curé de Pleaux ; celui-là fut offert par M. Louis Manilève, alors curé de Chaussenac. Ces vitraux sont sortis des ateliers Önher, de Nancy ; c'est très ordinaire.

Dans les deux chapelles suivantes, à droite, les verrières sont : l'une, l'Adoration des Bergers, et l'autre la scène de la Visitation. Elles sont meilleures que les deux précédentes et sont sorties des ateliers Champrobert, de Clermont-Ferrand.

Le plus beau vitrail est le Bon Pasteur de la fenêtre du chevet, qui est aussi de M. Champrobert. Les deux qui l'accostent dans le chœur, et dont j'ai déjà parlé, n'ont aucune valeur artistique ; ils sont plutôt laids.

III. — Nous n'entreprendrions pas la description du beau clocher gothique, qui ne fait guère regretter l'ancien, si nous ne tenions pas à être complet en ce qui concerne l'église, dans les remaniements qu'elle a subis. Notre esquisse rapide ne peut que l'amoindrir.

C'est une tour carrée, accostée de deux tours octogones, engagées, qui s'élèvent jusqu'à l'étage des cloches. La tour principale est à la hauteur de 35 mètres, y compris la flèche et la croix de fer qui la domine.

La flèche, octogone, encadrée par quatre clochetons posés aux angles, sur la corniche, se fait admirer, lorsque, du haut de la butte d'Ally, quand on vient de monter la côte, on la voit dominant la vaste plaine et se perdant dans l'azur d'un ciel printanier.

L'écusson de Mgr Pagis, placé au-dessus du porche, dira aux siècles futurs, avec la date de la construction du clocher, le nom de l'éminent prélat qui en fut l'inspirateur et le principal auteur.

Puisque nous venons de parler de la cage, pouvons-nous négliger les quatre cloches qui chantent si harmonieusement les jours de fêtes.

La plus grosse, fêlée, fut refondue en 1887 et la cérémonie de baptême eut un brillant éclat. M. Aurier, archiprêtre de Mauriac, délégué par Mgr Baduel, présida ; M. l'abbé Delmont, alors professeur de philosophie au Petit-Séminaire de Pleaux, dit éloquemment que la cloche est « la voix sacrée de la famille, de la religion et de la patrie ». M. Lachaze, maire, fut parrain de la cloche et dame Marguerite Périer, épouse Baduel d'Oustrac, était marraine.

La troisième et la quatrième cloches furent fondues à Chaussenac, en 1824, en même temps que la première, celle dont nous venons de mentionner la refonte et le baptême.

La deuxième date de l'année 1767 et fut refondue à Barriac, par Goussel d'Aurillac. Sur ses flancs, on lit : *Populos voco* † *Mortuos ploro* † *Tempestates repello.* † Parrain : AUGUSTIN PLANCHARD de Cussac. † Marraine : MAGDELEINE D'AUZERS, abbesse de Bragcac. † ANT. BASSET,

curé. † RONGIER et LESCURE, syndics. — J.-B.
GOUSSEL m'a faites (?) 1767 †.

On lit, d'autre part, dans une délibération
que nous avons trouvée aux archives de l'église : « Nous, Antoine Basset, curé de la paroisse
de Chaussenac, Antoine Dabertrand, prêtre
filleul, du même lieu, Antoine Lescure et Jean
Rongier, d'Ostenac, syndics fabriciens et autres principaux habitants de Chaussenac, composans la plus saine et meilleure partie de la
population, d'une part ; et Jean-Baptiste Goussel, fondeur de cloches, habitant de la ville
d'Aurillac, aussi soussigné, d'autre part, avons
convenu ce qui suit :

« Savoir que moi, Goussel, me suis chargé et
ay promis et me suis obligé envers lad. commune de Chaussenac de refondre et refaire la
grosse cloche de leur église, qui est fêlée, dans
le lieu du Barriac et de l'augmenter d'un quintal de son poids actuel et de la rendre aud. lieu
du Barriac bien et dûment conditionnée ; et par
les habitants de maporter aud. lieu et à leurs
frais et dépens la grosse cloche et deux quin-
taux de *métail* bonne matière tant pour la susd.
augmentation que pour le déchet et à cause de
la fonte, ou assurance, avec quatre charretées
de bois sec, et outre ce pour et moyennant le
prix de cent dix livres tant pour la façon que
pour fournitures diverses.

« Tout quoy nous curé et habitants avons

accepté ; en conséquence, autorisons lesd. syndics à faire toutes les diligences nécessaires pour pourvoir incessamment à la perfection de lad. grosse cloche et au payement dud. Goussel lorsqu'elle sera parfaite...

« En foi de quoy nous avons fait ces présentes doubles écrites de la main de l'un desd. habitants de Chaussenac à l'issue de la grand'messe le premier novembre 1767. »

LESCURE CLAVEL YRONDY S. CUSSAC
DU FAYET TOURON VIGIÉ RIBIER-LABOYRIE
GINESTE CHAMBROT AUDIT PÉRIER
LACHAZE DABERTRAND ptre LASCOMBES
BASSET curé BROUSSE BAC J.-B. GOUSSEL.

Il résulte de cette délibération que la seconde cloche de Chaussenac, la plus grosse alors, a été fondue à Barriac, où opérait le fondeur. — Cette cloche fut la seule laissée au clocher de Chaussenac pendant la Révolution.

IV. — Nous terminerons le chapitre quatrième par un mot sur les richesses artistiques et mobilières, soit de l'église, soit de la sacristie.

La statue de la Vierge, la seule qui mérite une mention, est en bois sculpté ; elle tient sur le bras gauche l'enfant Jésus, et le groupe est vraiment gracieux. — Les Sacrés-Cœurs de Jésus et de Marie que l'on voit à chaque bout de la Table-Sainte, et de saint Joseph, — le tout en terre-cuite d'Alby — très bariolés de couleurs de toutes nuances, ne nous disent rien à côté de la Vierge-Mère qui domine l'autel qui lui est consacré.

Mgr de Marguerye visitant l'église de Chaussenac, en 1849, ne put s'empêcher de remarquer la statue de la Vierge, et en fit l'éloge. Le curé, M. Chavinier, le laissa dire et ajouta : Monseigneur, *croyez qu'elle ne vaut pas le diable.*

L'évêque qui ne manquait pourtant pas d'esprit, ne saisit l'allusion qu'à l'autel suivant, lorsqu'il se trouva en présence d'un horrible Lucifer que saint Michel tenait enchaîné, foulait aux pieds et menaçait de son glaive. — Le prélat de s'écrier : « Pour un diable c'est un beau diable, mais je vous conseille de le faire disparaitre, mon cher curé ! »

Il m'en souvient encore de ce diable, car lorsque ma mère me conduisait à la messe les jours de fêtes, j'avais, juste en face de moi, l'affreux monstre, qui était l'objet de ma préoccupation durant tout l'office.

A quelque temps de la visite épiscopale, le diable disparut et fut vendu à un brocanteur qui le céda à un limonadier de Tulle, je crois ; celui-ci le plaça au-dessus du boulier qui servait à marquer les points au billard, avec cette inscription : « *Cinquante centimes au pauvre diable le soir.* »

Lucifer aurait dû se trouver mieux là qu'à l'église de Chaussenac. Pourtant il se vengea, dit-on, de l'ostracisme dont il avait été l'objet.

Le bon curé de Chaussenac avait coutume de dire, après : « Depuis que je l'ai mis hors de l'église, il s'est jeté partout dans la paroisse. »

Un autre objet plus digne de remarque que le diable de Chaussenac, c'est le tableau de la lapidation de saint Etienne que l'on voit appendu au mur, au-dessus de la porte de la sacristie. Il était autrefois fixé au milieu du retable du maître-autel. Nous ne croyons pas qu'il ait une grande valeur artistique et nous ne pourrions pas dire de quel peintre il est l'œuvre ; ce n'est pas d'un maître assurément ; mais son origine n'est pas sans importance.

· La toile porte dans un de ses angles inférieurs les armoiries suivantes : *d'azur au chef d'or chargé d'un lion léopardé passant contourné de sable.* La devise : *spes mea !*

Ces armes sont celles des Villemontée ; or il y a eu à Brageac, quatre abbesses de cette famille et un curé de ce nom à Chaussenac. — Nous pensons que l'une des abbesses de Villemontée, en qualité de *patronne* de notre église, avait offert ce tableau pour son ornementation. Il est vrai que l'autel dans lequel il était naguère encastré, ne datait que de l'année 1774, et que, à cette époque, c'était Magdeleine d'Auzers qui était abbesse de Brageac ; mais le saint Etienne avait pu être donné longtemps avant et avoir fait partie de l'autel qui précéda celui de 1774.

Le patron de Chaussenac est représenté à genoux, les mains jointes, revêtu des vêtements particuliers aux diacres, les yeux levés vers le ciel, et il semble prononcer les mots que lui prête son historien. dans les actes des Apôtres : *ne statuas illis hoc peccatum*. Seigneur, ne leur imputez pas ce crime. Et en attendant, les bourreaux demi-nus, l'accablent sous une grêle de pierres qui le couvrent de plaies bien apparentes, sur le visage et la tête.

Une autre pièce digne d'attention, c'est la fontaine en cuivre repoussé que l'on voit à la sacristie.

Cette fontaine fut achetée à un brocanteur par M. Chavinier, curé de Chaussenac, depuis l'année 1837 jusqu'en 1873. Je me demande si l'acheteur et le vendeur se rendirent compte de l'intérêt qu'offrait l'objet.

Ce n'est pas une œuvre d'art ; mais son origine lui donne une valeur relative qui peut la rendre précieuse pour un amateur.

Sur le bassin on lit, d'un côté : *d'or à la bande de gueules chargé de trois alérions d'argent*. Pour support de la couronne ducale deux griffons.

D'autre part, le bassin porte : *d'azur chargé de trois fleurs de lis d'or deux et un brisé d'un lambel de trois pendants d'argent*.

Les premières armes sont de Marguerite de Lorraine, seconde femme de Gaston d'Orléans, frère de Louis XIII.

Les secondes sont des d'Orléans.

La fontaine de la sacristie de Chaussenac a donc appartenu à ces deux personnages et se place entre l'année 1631 et 1660, la première de ces deux dates étant celle du mariage de Gaston avec Marguerite et la seconde celle de sa mort.

L'ostensoir en vermeil, le calice, le ciboire de même, ont coûté ensemble dix huit cents francs, y compris les burettes et la clochette d'argent. Ils furent achetés par M. l'abbé Laurichesse, de Moussages, vicaire à Paris, en 1841. — Ce n'est au moins pas du clinquant.

L'autre ostensoir, d'argent, provient de l'*Œuvre des Tabernacles*, qui le donna en 1895 et exigea en retour 50 francs ; c'est à peu près tout ce que vaut l'objet, qui est de style moderne, c'est-à dire sans goût.

La sacristie est bien pourvue d'ornements des fêtes ; les ordinaires laissent à désirer et plusieurs sont bons pour la réforme. On y procède en ce moment.

Le chemin de croix, en peinture sur toile, assez médiocre, fut acheté et érigé en 1863. Il coûta 550 francs.

Nous terminerons là ce chapitre déjà long, en regrettant de n'avoir pas eu le moyen d'y mettre plus d'ordre et de certitude sur des points demeurés obscurs faute de données suffisantes.

CHAPITRE V

Curés et vicaires de Chaussenac avant la Révolution
Prêtres de la Communauté

Les registres de l'église, dont la partie qui
précéda la révolution est à la mairie, ne remontent qu'à l'année 1795. La partie qui est à la
mairie, comprend les années qui s'écoulèrent
depuis 1675 jusqu'en 1792 inclusivement.

On sait que ce fut d'après une ordonnance de
François Ier que les curés durent tenir des
registres de catholicité ; et il est facile de voir,
en rapprochant les dates, que la paroisse de
Chaussenac n'exécuta l'ordonnance royale que
longtemps après la mort du prince qui l'avait
promulguée, à moins que les registres anté-
rieurs soient perdus.

C'est d'après ces documents que j'ai pu établir une chronologie des curés de Chaussenac,
absolument complète, pendant une période de
plus de deux siècles. Le lecteur y trouvera
aussi les noms de la plupart des vicaires, à peu
près de tous, je pense, et il y lira avec intérêt
les noms d'un grand nombre de prêtres de la
communauté paroissiale. Quelques noms des

curés de Chaussenac qui vécurent avant l'année 1675 m'ont été révélés par d'autres documents que j'indiquerai en temps et lieu, afin que le lecteur puisse s'assurer de l'authenticité du récit. Ceux-ci sont peu nombreux.

Je regrette vivement que ce chapitre, qui aurait dû être un des plus curieux à lire, soit le plus maigre de tous ; mais outre qu'une période de deux siècles et demi n'est qu'une part minime de l'existence de notre paroisse, les archives des églises sont très avares de faits et fournissent tout juste, ordinairement, les actes de catholicité sans commentaires, et quelquefois un petit nombre de délibérations. Quant aux mairies, elles se sont enrichies des registres des églises qui furent confisqués pendant la révolution, à leur profit, et n'ont donné, depuis 1793, que les inscriptions aux registres de l'état civil, des naissances, mariages et décès. Les quelques délibérations que l'on y trouve sont souvent et presque toujours même sans intérêt.

Cependant j'ai été assez heureux pour découvrir à Chaussenac quelques pièces importantes dont je me propose de faire part à mes lecteurs, elles leur révèleront des usages d'avant 1793, qu'ils ne soupçonnent même pas, et dont je leur donnerai l'explication, autant que possible.

Observons, en passant, que les archives des mairies sont généralement tenues avec plus de

soin que celles des églises ; on n'y trouve pas,
comme dans les sacristies, des traces du vandalisme des employés qui, quand ils ont besoin
de papier, no se gênent guère pour retrancher
ici un feuillet, là un autre sans aucun remords.
Ceci soit dit, non pour telle paroisse, mais
d'une manière générale, car presque toujours
les documents paroissiaux, tant anciens que
modernes, sont abandonnés sur un rayon
d'armoire, ou dans un tiroir, où tout le monde
a libre accès.

I. — Les curés et vicaires de Chaussenac qui
vécurent avant 1793 peuvent être classés en
deux catégories : 1° Ceux qui ont précédé
l'année 1675, à laquelle remontent les registres
de catholicité les plus anciens ; 2° ceux dont les
noms se trouvent dans les registres, depuis
l'année 1675 jusqu'à la Révolution.

Avant de dire ce que nous savons de chacun
de ces prêtres, le lecteur sera utilement initié
à la connaissance de la composition du clergé
paroissial avant le nouveau régime.

On trouvait dans les paroisses : 1° le curé, 2°
un vicaire en titre, 3° un ou plusieurs vicaires
secondaires, 4° les vicaires desservants, 5° les
prêtres filleuls on communalistes.

Le curé exerçait les fonctions curiales par
lui-même, ou par un autre, s'il était curé primitif de la paroisse ; dans le cas contraire il
agissait au nom du titulaire dont il était le dé-

légué et rétribué par lui, ou bien au nom d'un monastère auquel était annexée la cure. C'est ainsi que nous avons compris la situation du curé suivant les cas. Les vicaires étaient tous les aides autorisés du curé et leur rôle était à peu près le même que celui des vicaires actuels ; les vicaires desservants nous ont semblé agir au nom et au lieu et place du curé primitif et le vicaire perpétuel n'était pas autre chose qu'un délégué du titulaire.

Les prêtres filleuls ou communalistes étaient originaires de la paroisse, n'exerçaient ordinairement aucune fonction régulière et formaient comme une communauté libre dont les membres vivaient de leur patrimoine, des honoraires des messes et souvent des fondations auxquelles ils avaient droit ; souvent aussi ils recevaient une rétribution pour les fonctions qu'on les appelait occasionnellement à remplir. J'ai remarqué que, plusieurs fois, les curés ou vicaires de Chaussenac avaient été pris parmi les communalistes. J'en citerai plusieurs au cours de mon récit.

Les vicaires et les prêtres filleuls se livraient aussi à l'enseignement.

Les écoles étaient plus nombreuses alors qu'aujourd'hui. Il y avait au bourg école des garçons et école des filles ; dans les villages c'étaient des écoles mixtes. Au bourg, les prêtres enseignaient dans celles des garçons ;

les écoles des filles et les écoles mixtes étaient tenues par les Tertiaires de Saint-François ou de Saint-Dominique.

En outre le clergé enseignait le latin aux enfants des familles qui les destinaient aux carrières libérales et aux jeunes gens qui visaient au sacerdoce.

Et voilà comment avant 1793, il n'y avait point d'écoles ! Si, il y en avait, mais on n'y enseignait pas ce fatras de sciences inutiles à la plupart de ceux qui fréquentent les écoles d'aujourd'hui ; on y apprenait à lire, écrire et compter et à connaître les choses usuelles des fonctions auxquelles on aspirait, côté de l'éducation totalement négligé maintenant.

Le nombre des illettrés n'était donc pas aussi considérable qu'on se l'imagine. Les registres de Chaussenac, quiconque peut s'en convaincre, prouvent que les personnes sachant signer n'étaient pas rares, presque tous les actes portent les signatures des parrains et marraines, des témoins des mariages, etc. La bonne exécution de ces signatures démontre que leurs auteurs étaient capables d'écrire plus longuement et même correctement.

C'est ainsi que font l'histoire ceux qui méconnaissent les services rendus par le clergé dans l'instruction du peuple. Ils ignorent sans doute que le clergé d'alors comptait dans ses rangs bon nombre de docteurs en théologie, de licenciés ès-lettres, même parmi les curés de campagne, et que chacun prenait à la lettre la parole évangélique : *Docete omnes gentes* ; enseignez tout le monde.

D'ailleurs, au XVIIe siècle s'étaient établies des institutions propres à seconder le zèle du clergé, soit régulier, soit séculier : on avait les Religieuses de Notre-Dame pour l'éducation des filles, les Frères du Bienheureux de la Salle pour les garçons, et d'autres encore. On était loin, à cette époque, de l'ignorance du moyen-âge qu'avaient favorisée les troubles intérieurs et les guerres extérieures, bien loin de ce temps où le seigneur du village se glorifiait de ne pas savoir signer.

. 1° La classe des prêtres, curés de Chaussenac ou vicaires de cette paroisse qui ont précédé l'année 1675, se réduit à un très petit nombre.

En 1228, le curé de Chaussenac était messire *Charrayra*... Nous le laisserons dans son isolement, car nous sautons aussitôt à l'année 1611. A cette date, le curé de Chaussenac s'appelait Guillaume Delmas. Nous le savons parce qu'il est dit qu'il assista à la profession religieuse de Marguerite de Villemontée, le 22 mai de cette même année. Il signa au registre des procès-verbaux de ces sortes de cérémonies, au couvent de Brageac.

Avant 1627, Guillaume Aujolye était curé de Chaussenac; son nom et son titre se trouvent à l'*inventaire de Mauriac*. Il était de cette ville et d'une famille du XVe et du XVIe siècles, marquante parmi celles de Mauriac. — Ce prêtre mourut presque subitement et fut enseveli au cimetière de sa ville natale, le jeudi, 14 octobre 1627. (Registres de l'état-civil de Mauriac.)

« Par testament du 3 octobre 1629, Antoinette Chavaniac, femme de Jean Terrisse, lègue aux curé et prêtres 120 livres au principal, obit de feu messire Guillaume y compris, à raison de 10 livres, pour être fait suivant testament de messire Aujolye, curé de Chaussenac, reçu par Chassan, notaire royal, le 14 octobre 1627, afin que du revenu d'ycelle somme, dire une messe à l'autel de Notre-Dame, le jour de l'Assomption, avec le *Redemptor,* et avant la messe, matines et laudes. » — En 1731, c'est une d'Escorailles qui paie la rente Chavaniac, comme héritière de la maison de ce nom.— (Inventaire des titres de 1731, Mauriac.) — De 1627, nous passons à 1675.

2° Les curés de Chaussenac dont les noms figurent aux registres sont au nombre de neuf, depuis 1675 jusqu'à la Révolution. Nous grouperons autour de chacun d'eux les vicaires qui les ont secondés et nous ferons mention des prêtres communalistes et autres, dont les noms seront amenés sous notre plume par la suite du récit.

Le premier curé de Chaussenac que l'on

trouve aux registres de catholicité (à la mairie) est *Jacques Dubreul.* — J'ai trouvé ce nom écrit de diverses manières dans des pièces différentes : Dubreul, Dubreulh, Dubreuil... Le curé écrit partout : *Dubreul* et c'est cette orthographe qui doit prévaloir.

Les derniers mois de l'année 1674 il est curé de Chaussenac et son nom disparaît des registres en l'année 1693.

Il eut pour vicaire, tout le temps, *Anthoine Lescure,* d'Ostenac. Celui ci n'était pas de la famille Lescure actuelle, qui est récente à Ostenac, mais de la maison Chassan et plus tard Périer.

En 1694, le curé de Chaussenac fut messire de *Villemontée* qui disparut en 1703. Ce prêtre devait être frère ou neveu de quelqu'une des abbesses de Brageac, de ce nom, qui furent au nombre de trois ou quatre. Dans un acte de baptême d'un de Douhet de Cussac, en 1701, se trouve le nom, en qualité de parrain ou de témoin, d'un Villemontée de Fontanges. — Lescure est toujours vicaire de la paroisse. Cependant on trouve souvent au bas des actes les signatures de *Sancou* et de *Girbes.* Ces prêtres étaient-ils vicaires ou simplement prêtres filleuls ? Ils furent, je crois, l'un et l'autre successivement.

En 1704, Villemontée est remplacé par *Antoine Gilbert.* Celui-ci gouverna la paroisse jusqu'en 1716.

Cette même année on trouve dans les registres de catholicité un acte de baptême qui
porte cette signature : Antoine Gilbert, curé de
Mauriac. Il n'en fallait pas davantage pour me
faire croire que le curé de Chaussenac, du
même nom, était passé à la cure de Mauriac.
Tout autre, avant examen, eut pensé comme
moi. — Tout-à-coup je parvins à acquérir la
certitude que le Gilbert, curé de Mauriac,
occupait ce poste dès l'année 1678, et qu'il y
était encore, lorsque l'autre Gilbert était curé
de Chaussenac. D'ailleurs, un examen super-
ficiel suffit pour démontrer que les écritures ne
sont pas ressemblantes. Il s'ensuit que Antoine
Gilbert, de Mauriac, fit un baptême à Chaussenac en 1616 et que Antoine Gilbert, de Chaussenac, ne fut pas curé de Mauriac. Celui-ci a
cessé d'administrer notre paroisse vers la fin
de 1615.

Cependant, son successeur, *Pierre Lachambre,*
ne commença qu'en 1617 à remplir les fonctions
de curé à Chaussenac. D'après les registres, le
service de la paroisse fut fait, pendant l'*intérim,*
par des vicaires ou des prêtres de la communauté.

Le nom de ce curé de Chaussenac est resté
gravé sur la pierre qui couronne la porte de
l'écurie du presbytère actuel de Chaussenac.
On y lit : *Jésus † Maria † I* et un peu plus bas
sont les initiales : P. L. C. qui signifient :

Pierre Lachambre curé. De là il résulte que Pierre Lachambre avait fait bâtir un presbytère en 1729, car il y a cette date sur la pierre, et que le dessus de la porte d'entrée de la maison a servi pour la porte de l'écurie du nouveau presbytère, c'est facile à deviner et à comprendre.

Pagis et *Cabanes* furent les premiers vicaires de Pierre Lachambre. Pendant trois années consécutives, il n'y eut point de tenue des registres de catholicité. Outre qu'ils manquent à la collection, nous avons une pièce authentique qui explique pourquoi ils n'y occupent pas leur place. Voici cette pièce :

« Advis au lecteur et futur successeur qu'il peut s'éviter de fouiller dans les archives de l'église de Chaussenac pour y trouver les registres de tout le temps que Pierre Lachambre, du Pestre, commune de Tourniac, a géré la dite paroisse. Il existe une déclaration comme quoy il ne s'en trouve aucun pendant les années 1740, 1741 et 1742. Il y a des lettres des Supérieurs de Clermont qui attestent par les inquisitions qu'ils ont faites auprès dudit Lachambre, qu'il n'en avait tenu aucun. — C'est ce que je puis certifier et ay signé en témoignage à Chaussenac, le 12 may 1765. Le verbal dressé à Chaussenac est devers M. Lacroix, notaire royal à Pleaux, en date de 1743.

« A. BASSET,

« *Curé de Chaussenac.* »

Ce témoignage d'un successeur de M. Lachambre constate l'absence des actes de catholicité des années sus-indiquées, mais il n'en donne pas la raison. Il est fâcheux que nous n'ayons ni le verbal ni les lettres des Supérieurs de Clermont qui seraient plus explicites.

Un des premiers soins de M. Lachambre, en arrivant à Chaussenac, fut de réviser le tableau des fondations et d'en assurer les titres. Il en valait certes la peine, car en additionnant les livres et les sols et en y ajoutant les deniers, nous sommes arrivé à un total de 750 livres, dont 450 pour le curé et le reste pour les prêtres de la communauté.

Par un acte authentique, qui est en tête des actes particuliers établissant les fondations, « le curé de Chaussenac et trois prêtres filleuls s'obligent à acquitter les charges, obits et messes dont il est convenu »; presque toutes les familles importantes de la paroisse figurent au tableau pour une et même pour plusieurs fondations. 750 livres de fondations, c'était une somme qui vaudrait aujourd'hui 3 000 francs.

L'engagement pris par le curé et les prêtres filleuls est signé : Pierre LACHAMBRE, curé, GIRBES, BONHOMME et LESCURE, prêtres; RIBIER, notaire royal.

Pierre Lachambre cessa d'être curé de Chaussenac en 1747. Il rentra au Pestre dont il était originaire et ne tarda pas à y mourir. Une

de ses parentes était mariée à Chaussenac,
chez *la Pestre.*

Bourret Roche, qui lui succéda, fut curé de
Chaussenac jusqu'en 1752. — Les actes de
catholicité ne nous ont rien laissé sur l'administration de ce curé dont nous retrouvons les
traces en 1758, le 8 mai. Alors il assiste au
mariage d'Augustin Planchard avec Françoise
de Douhet, célébré dans la chapelle du château
de Cussac. Parmi les signatures on trouve
celle de Bourret-Roche, ancien curé de Chaussenac, celle d'Antoine Rélier, prieur de Barriac
et d'Antoine Basset, curé de Chaussenac. Bourret-Roche eut pour vicaire *Joseph Cabanes.*

En ce temps-là, comme aujourd'hui, des
familles de Chaussenac voyaient un ou plusieurs
de leurs membres émigrer en Espagne.

Or, un sieur Cabanes d'Ostenac, frère ou
père du vicaire de Bourret-Roche, peut-être, et
dont le prénom était Antoine, étant demeuré
cinq années consécutives dans une ville du
royaume de Valence appelée *Oteniente,* se fit
donner, pour le retour au pays, une sorte de
certificat de bonne vie et mœurs par le curé de
la paroisse où il avait passé ces cinq années.
Nous avons pu le traduire nous-même sur la
pièce authentique, écrite en langue espagnole.
Voici cette traduction absolument littérale :
« Je certifie, moi, soussigné, Etienne, curé
titulaire de la ville d'Oteniente, province de

Valence, que le sieur Antoine Cabanes, né à Chaussenac, diocèse de Clermont, a séjourné ici depuis l'année 1745, qu'il y a rempli tous les devoirs prescrits par la sainte Eglise notre mère, qu'il a vécu chrétiennement et n'a été aucunement un sujet de scandale pour personne. En foi de quoi je lui ai délivré le présent certificat signé de ma main et marqué du sceau de mon église, Sainte-Marie d'Oteniente.

« Oteniente, 31 mars 1750.

« Don ROQUE ETIENNE, curé. »

Cette pièce est la preuve du souci qu'avaient les émigrants d'autrefois de ne pas revenir dans leurs foyers sans être munis de preuves authentiques de leur conduite chrétienne pendant leur absence et ce trait d'Antoine Cabanes est des plus édifiants.

Nous connaissons bon nombre d'émigrants d'aujourd'hui qui, sans apporter le même témoignage à leur retour, n'ont pas eu une conduite moins chrétienne que leurs devanciers, en pays étranger. Mais combien n'en est-il pas qui, absents de chez eux, semblent avoir renié leur foi !

En 1752, *Antoine Basset* succéda à Bourret Roche et cessa d'être curé de Chaussenac en 1780. Après sa démission, on trouve encore son nom sur les registres, de temps en temps, pendant deux ou trois ans. Il signait alors : BASSET, ancien curé.

Nous vou'ons donner ici connaissance au
lecteur de quelques pièces relatives à un certain
nombre d'actes accomplis sous la direction
d'Antoine Basset, qui l'initieront à des usages
pleins d'intérêt pour nous, qui sommes accou-
tumés maintenant à voir les choses se passer
bien différemment.

« L'an mil sept cent soixante-trois, entour
midy, au lieu de Chaussenac et au devant de la
grande porte de l'église, à l'issue de la grand'-
messe, le peuple en sortant en affluence, devant
nous, notaire royal, les témoins soussignés,
l'assemblée générale du corps commun de la
paroisse a été convoquée au son de la grosse
cloche, en la manière accoutumée, à laquelle a
comparu messire Dabernat Antoine, syndic de
la fabrique, ayant la présence de messire Dabernat Pierre, de messire Antoine Dabertrand,
prêtres fillculs de ladite église, habitans d'Ostenac et de Cheyssiols, et de messire Ant. de
Douhet, seigneur de Cussac, de messire Ant.
Basset, curé, et Jean Ladon, de Contres, Jacques Ladon, de Chaussenac, etc.... (suivent 22
noms des principaux habitants de la commune),
composans le corps commun et la meilleure et
plus saine partie de la population de la paroisse, etc., etc....

« Le sieur Dabernat, syndic, a exposé qu'il
croyait de son devoir et de sa charge de syndic
fabricien, et de la sûreté de sa conscience de

donner advis au corps commun que de nombreux vols étaient commis dans le coffre-fort de l'église, et même au dehors, d'objets lui appartenant, tels que sable, tuiles, etc., et il a demandé l'autorisation de faire les recherches nécessaires pour la découverte et le châtiment des coupables.... » Il fut accordé au sieur syndic selon sa requête et l'on signa la délibération écrite de la main de Périer, notaire royal.

Nous avons déjà cité un *délibératoire*, comme on disait alors, de même nature, donnant à refondre la grosse cloche « fellée »; nous en citerons d'autres encore. Mais avant d'aller plus loin, nous pensons que le lecteur voudra que je lui dise ce qu'était ce « corps commun » dont il est fait mention dans tous ces actes, et que je l'entretienne de cette manière toute démocratique d'administrer les biens de l'église.

Il nous a fallu un moment de réflexion pour bien comprendre ce qu'on entendait par « corps commun ».

Le lecteur aura remarqué comme nous, qu'il s'agit d'une Assemblée paroissiale; mais pourrait-il dire de quels membres elle était composée ? Y comprenait-on tous les hommes *majeurs* de la commune, y étaient-ils, du moins convoqués tous, ou bien ne s'agissait-il que des *principaux* du lieu ? Telle est la question. Les renseignements que nous avons reçus à ce sujet, de la part d'hommes compétents, sem-

blaient établir le premier de ces deux sentiments
et pencher pour l'adoption, dans le corps commun, de tous les hommes majeurs. Sauf le
respect que l'on doit à l'opinion d'autrui, je me
sentirais disposé à pencher pour l'opinion
contraire et je croirais plutôt que le corps
commun se composait des hommes appartenant
aux familles réputées les plus influentes de la
paroisse. J'appuyerais mon sentiment sur les
termes mêmes des « délibératoires » où, après
l'énumération des membres présents, on a soin
d'ajouter : « *composant la meilleure et la plus
saine partie de la population.* » Malgré cette
sélection, la manière d'administrer les biens
de l'église n'était pas moins démocratique et
établissait un contraste frappant avec ce qui
se passe aujourd'hui.

Y avait-il une décision importante à prendre?
On sonnait la grosse cloche à la sortie de la
grand'messe, la plus fréquentée, et l'on savait
ce que cela voulait dire. — Le curé, les prêtres
communalistes, les syndics de la fabrique, le
seigneur de Cussac, les principaux propriétaires présents, s'assemblaient devant la porte de
l'église; le notaire royal, mandé à cette fin,
écrivait la délibération et on la signait. C'était
simple, sans entraves, d'une exécution non
moins assurée que facile.

Aujourd'hui, la centralisation, la bureaucra-
tie et la main-mise de l'Etat sur les biens des

églises, entrainent une multitude d'ennuis qui n'assurent pas mieux la bonne administration des modestes ressources de nos églises, ruinées par la Révolution. On ne voit pas qu'il soit si nécessaire que l'administration civile *s'intéresse* ainsi aux *choses* de l'Eglise, quant à tous les autres points de vue elle se flatte d'être *neutre.*

Ce fut de la même manière que, l'année 1774, le maître-autel de l'église de Chaussenac, tombant en ruine, on procéda à son renouvellement. Le chœur de l'église étant à la charge de l'abbesse de Brageac, tandis que les fidèles étaient tenus de l'entretien de la nef, on ne pouvait donc rien décider sans elle au sujet de l'autel, attendu que c'était elle qui devait le payer.

C'est pourquoi « le dimanche, seizième jour du mois de janvier 1774, le corps commun ayant été assemblé à la manière accoutumée, c'est-à-dire au son de la cloche et à l'issue de la grand'-messe, une délégation fut nommée pour aller représenter à Madame Magdeleine d'Auzers, très digne abbesse de Brageac, et, en cette qualité, prieure et grosse décimatrice de Chaussenac, le mauvais état du chœur de l'église, qui a besoin d'être récrépi, blanchi en dedans, et la table de communion qu'il faut refaire.... et l'autel entièrement vermoulu et achève de tomber de vétusté.... »

La commission, composée des syndics de la fabrique, se transporta donc à Brageac, et

« madame l'abbesse leur répondit qu'elle n'igno-
rait pas le mauvais état du chœur, mais que la
dureté des temps, la dépense extraordinaire
que lui avait entrainée la rénovation du terrier
du couvent, a suspendu sa bonne volonté.... »
Finalement, elle offrit 750 livres, qui furent ac-
ceptées avec force marques de profonde reconnaissance.

On n'a pas aujourd'hui plus de respect pour
un évêque !

Un nouveau délibératoire rendant compte de
la mission des syndics et de son heureux résul-
tat, fut dressé à la porte de l'église, comme de
coutume, et on se mit en mesure de faire les
réparations nécessaires et de renouveler l'autel.

Le sieur Chaumont, sculpteur d'Aurillac, fut
mandé ; deux plans de l'autel furent dressés,
appendus pendant trois dimanches consécutifs
aux murs du chœur, afin que tout le monde pût
en prendre connaissance. Ce ne fut qu'après
ces formalités que le corps commun, de nouveau convoqué, fit son choix.

J'ai déjà dit que l'autel dont il s'agit est à la
chapelle de Saint Antoine de Padoue, moins le
retable, relégué au grenier de la sacristie

L'abbesse de Brageac, en donnant les 750 livres, avait mis pour condition que la fabrique
prendrait à sa charge la démolition « d'une
construction massive en maçonnerie, qui obs-
truait l'entrée du chœur et du haut de laquelle

pendait un énorme Christ qui masquait l'autel ».
De fait, cette démolition n'eut lieu qu'en 1855,
sous M. Gamet.

La clôture du chœur, car c'est ce dont il s'agit
ici, la clôture du chœur, disposition fort ancienne dans les églises d'Occident, prit un grand
développement au XIIIe siècle. On a voulu dire
que ces clôtures n'avaient aucune signification;
c'est bien à tort. C'était la tradition de l'ancien
sanctuaire et l'allégorie manifeste du voile qui
se déchira de haut en bas, au moment solennel
de la mort de Jésus-Christ. Au moyen-âge, le
clergé aimait à célébrer les saints mystères dans
cette enceinte cachée aux regards et où péné-
trait à peine la pensée ; depuis, le célébrant n'a
pas cru pouvoir être jamais trop en vue. Nous
ne savons pas si le respect dû aux choses saintes s'en est accru. — Cependant, ceux qui se
souviennent de l'ancienne clôture du chœur de
Chaussenac n'ont pas le regret de l'avoir vu
disparaître. Il parait que ce n'était pas beau.

De tout ce qui précède, touchant les rapports
des Chaussenacois avec l'abbesse de Brageac,
il se confirme que Madame Magdeleine d'Auzers n'était ni sans savoir-faire, ni sans finesse.
On nous l'avait dit et nous en avons eu le témoignage.

Le couvent de Brageac, abbaye royale, avait
des droits sur Chaussenac, non-seulement
parce que l'abbesse était *patronne* de l'église,

mais encore parce qu'elle était grosse décimatrice de la paroisse, comme dit le *délibératoire*.
A ce dernier titre, elle percevait des rentes
dans le bourg, à Cheyssiol, à Contres, à Ostenac et partie d'Escladines. Cussac dépendait
du seigneur de ce lieu, dont l'autorité s'étendait hors de notre paroisse et surtout sur celle
de Tourniac.

L'absence de documents précis ne nous
permet pas d'établir ces faits sur des données plus étendues.

Il y aurait peut-être lieu de parler ici de la
propriété paysanne avant la Révolution. Comme
nous pourrions être accusé de sortir du cadre
que nous nous sommes fixés, nous n'en dirons
qu'un mot et nous ferons l'application de nos
recherches sur ce point à la paroisse de Chaussenac, afin de nous tenir le plus possible dans
les limites de cette *Notice*.

Qu'était la petite propriété en France avant
la Révolution et avant la vente des biens nationaux ?

Beaucoup d'auteurs, de parti-pris, ont affirmé
qu'elle était à peu près nulle, pour faire entendre que la noblesse et le clergé occupaient
tout le sol français avant 1793, et attribuer à la
Révolution le mérite du morcellement. C'est
inexact.

Il est certain que la petite propriété existait
en France avant 1793, et que sur les *cinq millions*

de propriétaires que l'on comptait dans le royaume, plutôt plus que moins, la plupart étaient paysans.

Il n'est pas moins certain que la vente des biens nationaux a augmenté le morcellement, mais qu'elle ne l'a pas commencé ; il est même incontestable que l'augmentation, de ce chef, n'a pas été aussi considérable que l'on pourrait le croire, la plupart des biens nationaux étant passés aux mains des riches plutôt qu'en celles des pauvres. Pour établir d'exactes proportions, il faudrait compulser le livre des impositions au XVIIIe siècle.

A défaut de cela, nous avons eu recours aux vieux papiers de plusieurs familles — pour consulter tous ceux qu'on avait mis à notre disposition, il aurait fallu assumer une trop forte dose de travail et le jeu n'aurait pas valu la chandelle ; en combinant les données de ces vieux papiers avec les actes des archives de la mairie (registres pris à l'église), nous avons pu constater que pour Chaussenac, il y avait, dans chaque village, à peu près autant de propriétaires fonciers qu'aujourd'hui, avant 1793.

Nous ne saurions pourtant pas, avec ces seules bases, fixer d'une manière même approximative, l'étendue du terrain possédé par chacun d'eux; le chiffre de la rente, ou celui de l'impôt, ne suffisant pas pour établir la valeur du bien-fonds, à cette époque, aussi parfaitement qu'on pourrait le faire aujourd'hui en adoptant pour base les taxes actuelles, qui ne sont pas sans écarts regrettables. L'arbitraire d'autrefois n'est pas entièrement disparu. La péréquation des impôts, même pour un ser₁ village, n'est pas encore un fait accompli, si tant est qu'elle ne soit pas un rêve irréalisable.

Reprenons notre récit. En 1779, le curé Basset qui songeait à la retraite, ne voulut point quitter le ministère pastoral sans donner une mission à sa paroisse. Il appela un religieux récollet d'Argentat, auquel on attribua 39 livres pour ses frais de voyage. Thouron, le sacristain, qui le ramena dans son couvent, reçut une indemnité de 15 livres.

Il est vraisemblable que c'est ce même Thouron qui, jeune alors, se laissa choir dans sa vieillesse, du haut du lambris de l'église, dont une partie s'effondra sous son poids, sur le pavé où on le trouva mort un soir de mardi-gras. Il était allé quérir sous les combles, les rameaux bénis l'année précédente pour les incinérer et en présenter le résidu à la bénédiction du prêtre le lendemain, jour des cendres.

En 1763, le vicaire de Chaussenac était Antoine Laboyrie. Point de détails sur ce prêtre.

L'an 1780, Antoine Girbe était curé de Chaussenac. Ce prêtre ne pouvait pas être le même que le Girbes qui fut vicaire de Pierre Lachambre en 1727 ; la différence d'orthographe des noms ne le prouverait pas ; mais le Girbes de 1727 aurait été trop vieux pour être curé de Chaussenac en 1780 et jusqu'en 1790, époque où le successeur d'Antoine Basset céda sa place à un autre.

Cette date nous porte en pleine Révolution et nous force à mettre fin au chapitre cinquième,

Nous voulons terminer celui-ci par des détails intéressants qui trouvent ici naturellement leur place.

Dans l'assiette du don gratuit de 1787, le curé de Chaussenac est taxé pour 6 livres de décimes, 20 livres de don gratuit et 3 livres d'abonnement, avec augmentation de 10 livres de décimes et de 32 livres de don gratuit. — Le don-gratuit dont il s'agit ici était devenu obligatoire depuis longtemps.

Le vicaire payait 5 liv. de décimes, 16 de don gratuit et 1 liv. d'abonnement. Les prêtres communalistes payaient ensemble : 4 liv. de décimes, 12 de don gratuit et 1 liv. d'abonnement.

Si on compare ces chiffres à ceux de Barriac, concernant les mêmes personnes, à la même époque, on verra que les prêtres de Barriac étaient plus imposés que ceux de Chaussenac ; d'où il résulte que la paroisse de Barriac était plus riche alors que celle de Chaussenac.

Nous ne sommes pas suffisamment basés

sur l'assiette des impôts à cette époque ni sur
la valeur des termes employés dans la taxe,
pour établir la somme exacte de notre monnaie
actuelle qui correspondrait à celle de l'impôt
du clergé mentionné ci-dessus. — Nous
croyons que le chiffre en était supérieur à la
taxe moyenne des propriétaires de nos jours.

Si on ne tient compte de la différence de la
manière de vivre, les prêtres de Chaussenac
n'étaient pas plus riches qu'aujourd'hui.

Le lecteur nous saura gré d'ajouter quelques
mots sur les rapports du prêtre et des fidèles,
à cette époque si éloignée de nous, mais dont
nous éloigne, encore plus que les années, la
différence des usages.

« Dans les campagnes, le prêtre, il y a cent
vingt ans, n'était pas simplement le directeur
des âmes, le guide des consciences, sa mission
l'*obligeait* encore à s'immiscer dans tous les
détails de la vie intime. On prenait son avis
pour les mariages, les questions de succes-
sions ; c'est lui qui jugeait en dernier ressort
les différends élevés sur les limites d'un champ
et la délimitation d'un chemin d'exploitation ;
souvent c'était le prêtre qui recevait, à défaut
de notaire, les dernières volontés d'un mourant,
chose que la loi autorisait en certains cas déterminés ; c'est ainsi que, parmi les *papiers* de
la famille Gineste, de Cheyssiol, se trouvent
deux testaments reçus par le vicaire, Antoine
Lescure.

Le curé parlait comme un juge, donnait audience quand on voulait; détestant les procès, parce qu'ils ruinaient ses ouailles, il était partisan de ce principe qu'un mauvais arrangement vaut mieux que le meilleur procès ; et quand les parties, satisfaites d'avoir vu s'arranger à l'amiable une affaire en litige, prétendaient payer un droit de consultation, le tronc des pauvres était là pour recevoir les aumônes.

Le curé, qui s'entendait aux constructions, aux terres, à l'élevage des bestiaux, conseillait, éclairait; et plus il s'occupait du rendement du champ, de la qualité du foin, du fumage des terres, des systèmes d'irrigation, de la qualité du bétail, plus il était laboureur, cultivateur, éleveur, plus le paysan, procédant, sans le savoir, du connu à l'inconnu, croyait que le prêtre voulait du bien à son âme, attendu qu'il étendait son attention jusqu'aux choses matérielles.

C'est ainsi que les relations quotidiennes du curé avec ses ouailles préparaient le succès même du prône du dimanche.

Encore aujourd'hui, le recteur breton est pour ses fidèles une sorte de magistrat, médecin, mécanicien, et rend des services inappréciables.

Les prêtres formés au commencement de ce siècle étaient tout cela pour leurs paroissiens, en Auvergne. Nous avons été le vicaire d'un

7

curé sans lequel les propriétaires, même les plus intelligents, n'auraient rien entrepris ; on lui communiquait tout, et en toutes choses on tenait compte de ses avis.

Aujourd'hui, on semble courir à d'autres habitudes qui sont propres à écarter le prêtre des questions privées. On dirait que ce mot d'ordre : *le prêtre à l'église et à la sacristie* a été entendu d'un bout de la France à l'autre.

Nous ne saurions ne pas le regretter ; et malgré nos tendances actuelles, nous ne pensons pas qu'il soit bon que trop d'ombre et de mystère entourent l'existence du curé, qui ne doit pas consentir à se voir traiter et à vivre en paria. Le bien des âmes demande de sa part une action extérieure, il exige qu'il se répande au dehors, avec sagesse, sans doute, mais librement et selon les besoins de ceux dont le salut est en jeu.

CHAPITRE VI

Période révolutionnaire. — Considérations générales
Chaussenac pendant la Révolution

Nos lecteurs ne comptent pas, sans doute, que nous allions leur faire ici un cours complet d'histoire sur la période révolutionnaire. Cette étude serait hors de propos et en désaccord avec le cadre de notre *Notice* sur Chaussenac. Néanmoins, il est bien difficile de raconter ce qui se passa chez nous pendant la tourmente révolutionnaire, sans rattacher notre récit aux faits généraux de l'histoire de cette époque ; si nous ne le faisions, notre œuvre ne serait qu'une pierre détachée d'un édifice, qui se trouverait sur notre chemin sans que nous puissions en comprendre le motif. D'autre part, l'histoire de la Révoluton est présentée au public de tant de manières différentes, qu'il est nécessaire de ramener toutes choses au point et de déterminer la part des responsabilités dans les suites des évènements si graves qui ouvrirent le XIXe siècle.

On trouvera un peu trop sérieuses, peut-être,

les considérations qui vont suivre ; mais, si on y prend garde, on se convaincra que notre langage ne s'élève pas au dessus de la gravité des circonstances et des besoins de la vérité.

Avant 1789, la *philosophie* du précédent siècle, le siècle des Voltaire, Rousseau, Diderot, Dalembert, etc., avait perverti nombre de cœurs, après avoir égaré pas mal d'esprits. Néanmoins, il n'est pas douteux qu'alors, comme aujourd'hui, la nation française ne fut profondément attachée au culte catholique. Alors, comme aujourd'hui, d'ailleurs, les sentiments populaires étaient inexactement représentés par ceux des députés. Alors, comme aujourd'hui, les représentants de la nation prêtaient au peuple des idées qui n'étaient pas les siennes et s'inpiraient pour souffler la haine dans les cœurs des doctrines dont ils étaient eux-mêmes imbus.

Les cahiers de 1789, présentés à l'Assemblée Nationale comme l'expression des revendications du peuple, faisaient toutes réserves sur son adhésion formelle au catholicisme et c'était l'aveu que la France était et voulait rester chrétienne.

Il était aisé de voir, sans doute, que l'ancien régime ne faisait plus le contentement des masses populaires et que des réformes étaient inévitables. Clergé, noblesse, tiers état, tout le monde était d'accord sur ce point. Il eut fallu s'entendre et procéder à l'amiable, pour régler ces réformes devenues nécessaires. On aima mieux y mêler le venin distillé par le clan philosophique du siècle précédent et diviser, lorsqu'il fallait les grouper, les esprits et les cœurs.

On a prétendu que le clergé, par son opposition aux idées révolutionnaires, causa la persécution de la révolution contre le catholicisme, qui fut dès lors identifié avec la réaction et le retour à l'ancien régime. C'est ce qu'on dit encore maintenant au sujet des institutions républicaines.

Cette thèse, depuis longtemps usée, n'est qu'un impudent mensonge historique.

Qu'on lise les débats sur la question des biens ecclésiastiques et ceux qui eurent lieu à l'occasion de la proposition de la constitution civile du clergé ; on se convaincra que les représentants ecclésiastiques firent toutes les concessions compatibles avec l'honneur et la conscience.

Cette trop fameuse constitution civile du clergé qui, par son extravagance même, aurait dû ne pas résister au moindre examen, le clergé ne pouvait, sans apostasie, y donner les mains; et ce fut alors que commença la rupture de la révolution avec le catholicisme, et que les esprits avancés se jetèrent dans la voie de la persécution sanglante contre la religion.

La *Constituante* bouleversa le culte traditionnel en prétendant le régénérer et la *Convention*, plus incohérente encore, se montra plus hypocrite et mit à la base de sa constitution républicaine un semblant de liberté des cultes que l'on pourrait traduire ainsi : « Tous les cultes seront libres, pourvu qu'on n'en pratique aucun. »

Et voilà comment, d'une révolution qui eût été salutaire, si on avait su s'entendre et rester dans de justes limites, on fit un cataclysme intellectuel et moral dont nous souffrons encore, car l'esprit révolutionnaire vit toujours et médite d'autres crimes.

En 1793, les populations, généralement heureuses de la foi que leur avaient léguée leurs ancêtres, décidées à garder leurs pratiques religieuses, n'étaient nullement prêtes pour recevoir les innovations que voulait introduire la loi. On manifesta donc, presque partout, la volonté de garder les prêtres fidèles au culte traditionnel. Ces dispositions furent plus manifestes là où les principes religieux étaient plus intacts; mais il est vrai que tout ce qu'il y avait de sincèrement chrétien protesta dans toute la mesure du possible. Il n'y eut pas en tous lieux une énergique résistance comme en Vendée, mais si les idées de réformes prévalurent en beaucoup de contrées, la fidélité religieuse fut loin d'être ébranlée par les décrets de la Constituante.

A Chaussenac, en particulier, le mouvement

révolutionnaire fut bénin et jamais la population n'y prit part en masse ; ce fut même le contraire qui arriva. Il y avait un groupe de *patriotes* qui, soutenus par la force armée, s'essayèrent à exciter les passions populaires, d'abord, à peser ensuite sur les volontés par l'intimidation et les menaces, quand ils virent que la persuasion n'obtenait pas le succès désiré. Nous pourrions citer plus d'un nom de sans-culottes, si nous pensions que cela fût utile. La plupart de ces noms n'étant plus usuels à Chaussenac, nous. ne nous sentons aucun goût pour les exhumer de la tombe.

La municipalité, elle, ne montra pas une ardeur excessive pour la propagation des idées nouvelles, surtout elle ne manifesta aucune inclination pour la persécution religieuse ; c'est pourquoi elle subit plus qu'elle ne provoqua l'expulsion des abbés Dabertrand et Dabernat, l'un curé et l'autre vicaire de la paroisse. Néanmoins, malgré les sentiments opposés de la population et l'indifférence de la municipalité, le district de Mauriac les dénonça, comme perturbateurs du repos public, au tribunal révolutionnaire siégeant à Salers, et ils durent détaler, en avril 1792, pour ne pas s'exposer à des vexations qui finissaient par l'exil d'abord et qui, un peu plus tard, aboutissaient à l'échafaud.

Le curé constitutionnel qui arriva aussitôt après l'expulsion des prêtres fidèles, fut mal accueilli. Il fut injurié, chansonné, menacé et se vit presque seul aux offices religieux qui s'accomplissaient sous la surveillance de la garde nationale, qui, l'arme au bras, escortait le curé intrus du presbytère à l'église et de l'église au presbytère, et veillait à la porte du temple pendant qu'il officiait.

Le lecteur est sans doute impatient de savoir le nom du curé dont la Révolution gratifia la paroisse de Chaussenac, après le départ de ses prêtres légitimes ? Nous pouvons satisfaire sa curiosité et nous le faisons sans la moindre hésitation. Il faut toujours avoir le courage de livrer aux flétrissures de l'histoire les noms de ces malheureux qui, non pas par surprise ou bonne foi, mais avec pleine connaissance de cause, ne surent pas garder intacte leur foi et firent cause commune avec la tyrannie révolutionnaire.

L'intrus de Chaussenac s'appelait Bertrandy et il était originaire de St-Martin-Valmeroux.

On trouve son nom dans les registres de catholicité pendant les derniers mois de 1792. Quand les registres furent passés à la mairie, le curé constitutionnel signait sur ceux de l'état civil, rédigés par un officier municipal. C'est ainsi qu'on y trouve neuf fois sa signature avec cette *honorable* mention : *curé citoyen.* On y voit aussi à côté de la sienne, une fois au moins, celle de *Gineste,* diacre... en qualité de témoin d'un mariage.

Nous avons relevé dans les actes civils de Chaussenac les noms des officiers municipaux de cette époque et nous les transcrivons d'autant plus volontiers en cette place que rien ne nous a révélé, en aucun des hommes qui les ont portés, des tendances révolutionnaires fort accentuées. Ce furent : Jean Laden de Contres, mon bisaïeul ; Pierre Périer, d'Ostenac ; Badal Jean, de Cussac (maison Rongier) ; Vigié et Langlade, du bourg ; Mialaret, du même lieu.

Que devint le curé constitutionnel ? A partir du 29 janvier 1793, on ne trouve plus son nom nulle part... nous voudrions pouvoir dire que, revenu à résipiscence, il s'était rétracté ? Sinon il est à présumer qu'il avait jugé la position intenable et avait déguerpi de Chaussenac.

Il est un fait qui nous paraît confirmer ce que nous avons dit des sentiments anti-révolutionnaires de l'ensemble des habitants de Chaussenac.

Les barons de Cussac n'émigrèrent pas, firent la navette entre Monceau et Cussac, pendant les mauvais jours ; ils furent peu ou point inquiétés et conservèrent leur beau domaine de Cussac.

En preuve, c'est qu'après la Révolution, nous retrouvons la famille Planchard vendant sa terre à divers propriétaires de Cussac et d'Ostenac : Papon, Ouvradou, Rongier, Gineste-Mollat, etc. Clavel, d'Ostenac, acheta pour

7 500 francs de bien ; Papon en acquit pour plus
de 30.000 et les autres, pour des sommes
considérables aussi. — La première vente, qui
est de l'an XIII, porte les signatures de Antoine
Papon et d'Alexis de Cussac ; les autres, des
années 1828, 1829 et 1831, sont passées aux
noms des deux fils d'Alexis Planchard, agissant
pour eux, pour leur mère et leur tante, l'une
Marie-Angélique de Montclar et l'autre Marie-
Anne Planchard de Saint-Basile, religieuse à
Argentat, vendeurs, et de Antoine Papon, Michel
et Joseph Ouvradou, Antoine Clavel, acheteurs.
C'étaient les dernières dont nous ayons eu
connaissance, mais nous savons, d'après ces
ventes même, que tout le domaine n'était pas
encore aliéné en ce moment.

Revenons aux deux prêtres que Bertrandy,
l'intrus, avait scandaleusement et inutilement
supplantés ; ils nons donneront le spectacle
d'une conduite dont l'édification nous reposera
des écœurantes lâchetés des jureurs.

Dabertrand, le curé, émigra en Espagne, en
compagnie de plusieurs autres prêtres qui
avaient préféré l'exil au parjure ; l'abbé Filiol,
le martyr de Bouval, les avait suivis pendant
trois jours, après lesquels il revint sur ses
pas, par une secrète inspiration du ciel, qui le
réservait pour une mort glorieuse. Antoine Dabertrand, s'ennuyant en exil, revint d'Espagne
avant la fin de la Révolution, se cacha dans le

pays, fut pris, incarcéré à Aurillac, mais non déporté, vu son âge. Nous le retrouverons après la période révolutionnaire, dans sa cure de Chaussenac qui lui avait été enfin rendue.

Quant à François Dabernat, son vicaire, il n'émigra pas et se conduisit à Chaussenac comme l'abbé Meydieu à Barriac. Il se fit remarquer par l'héroïcité de son courage, en continuant, au péril de sa vie, à remplir dans toute la mesure du possible, les fonctions sacerdotales.

Les bois, quelques maisons isolées dans la campagne, lui servaient de lieu de refuge ; c'était là qu'on allait le trouver lorsqu'il y avait un baptême à faire, une union à bénir, un moribond à préparer au redoutable passage du temps à l'éternité. A Ostenac, plusieurs maisons possédaient des cachettes dont il dut profiter ; à Contres, il était reçu et protégé aussi, et le petit oratoire qu'on avait édifié depuis peu de temps dut servir plus d'une fois, pour l'accomplissement des saints mystères, pendant que des hommes dévoués veillaient autour du village.

Et que le lecteur ne pense pas que nous fassions ici œuvre d'imagination. J'avais trente ans quand mourut Jean Laden, de Contres, mon aïeul maternel, gendre de l'autre Jean Laden, maire pendant la Révolution, que beaucoup de compatriotes ont connu comme moi. Or, né à Chaussenac en 1780, il avait dix ans

lorsque commencèrent les troubles révolutionnaires; il en avait treize pendant la période la
plus sanglante et plus de vingt quand la liberté
fut rendue au culte.

Il avait connu particulièrement le curé
Dabertrand et son vicaire Dabernat dont il
avait été l'élève : C'étaient eux aussi qui
l'avaient préparé à la première communion,
qu'il fit dans une grange du bourg en 1792.

Ces détails, bien présents à sa mémoire, me
furent racontés par lui, assez souvent pour que
j'en aie gardé un entier souvenir.

Un jour, me disait-il, il y avait eu une chaude
alerte au moment même où l'abbé Dabernat
célébrait la messe dans une maison privée ;
une autre fois c'était la rencontre des gen-
darmes, nez à nez dans un étroit sentier, et le
proscrit n'avait échappé que par miracle ; c'était
encore une ardente poursuite à travers champs,
et l'abbé n'avait été sauvé qu'en se jetant
promptement dans les fourrés des bois de
Contres ou d'Ostenac.

Quels rudes exercices ! Et combien furent
héroïques les prêtres de la trempe de l'abbé
Dabernat !

L'église de Chaussenac possède les registres
de catholicité rédigés par notre héros, depuis
l'année 1795 jusqu'à la fin de la Révolution. Ils
ne contiennent pas tous les actes de cette
nature correspondant à tous les baptêmes,

mariages ou enterrements de cette période ; mais il faut considérer que l'abbé Dabernat n'était pas seul dans la région environnante pour pratiquer le dévoûment. Il ne nous a laissé que les actes des fonctions sacerdotales remplies par lui, et ils sont nombreux.

Ceux des années 1800, 1801, 1802 et 1810 sont égarés. Il faut ne pas oublier non plus qu'en 1795 l'on respirait plus librement que pendant la Terreur.

Robespierre, l'homme au *riclus semblable à la grimace d'un chat qui boit du vinaigre*, avait fait, à son tour, sur l'échafaud, cette autre grimace qu'il avait imposée à tant d'innocentes victimes, sous le couperet de la guillotine.

Néanmoins, les prêtres fidèles ne pouvaient généralement pas compter sur l'impunité et devaient se cacher toujours par mesure de prudence.

En 1803, François Dabernat fut nommé à la cure de Sainte-Eulalie et y mourut en 1825.

Le lecteur partagera notre regret au sujet du silence gardé par notre courageux compatriote vis-à-vis de ses faits et gestes pendant la Révolution.

Quel plaisir nous aurions à lire le récit de ses épreuves et de ses ruses pour pourvoir au salut des âmes, en un temps où c'était le plus grand crime qu'un sujet français put commettre !

Respectons son silence, dû, sans doute, à sa

modestie ; et refoulons notre vaine curiosité, en obéissant à un sentiment semblable au sien.

Qu'il nous suffise de savoir qu'il fut un héros.

CHAPITRE VII

Curés et vicaires de Chaussenac après la Révolution

I. — LES CURÉS

Lorsque la liberté religieuse eut été pleinement rétablie en France par le Concordat passé entre Napoléon et le Saint-Siège, l'on s'occupa de la réorganisation du culte dans tous les diocèses de France. L'arrondissement de Mauriac, qui, avant 1793, appartenait au diocèse de Clermont, fut annexé à celui de Saint-Flour, diminué de l'arrondissement de Brioude rattaché au Puy.

Chaussenac fut reconstitué comme paroisse dans les mêmes limites qu'auparavant, et, de plus, on lui adjoignit la paroisse de Brageac, moins deux villages rattachés à Tourniac. Les revendications des habitants de Brageac firent qu'on leur rendit leur autonomie deux ans après. C'était en 1803.

Le premier prêtre qui fut nommé à la cure de Chaussenac, après la Révolution, fut ce même Dabertrand Antoine dont nous avons suivi les évolutions avec intérêt, pendant la période révolutionnaire. Ce n'est pas le lieu de répéter ici ce qu'il fut avant et pendant la tourmente révolutionnaire. Les archives ne nous apprennent rien sur son administration pendant le temps qu'il fut curé de Chaussenac, après le Concordat. Il est à croire qu'il y déploya le zèle dont il avait donné l'exemple précédemment et qu'il s'appliqua à réparer dans sa paroisse les maux qu'y avaient causés les excès révolution. naires. Cela ne dut point lui être bien difficile, car les esprits étaient las depuis longtemps des entraves mises à la liberté religieuse.

En 1812, Antoine Dabernat donna sa démission et mourut à Chaussenac l'année suivante, à l'âge de 81 ans.

La même année, *Antoine Senaud,* qui avait été deux ans vicaire régent sous M. Dabertrand, lui succéda comme curé. Il mourut en 1814 et fut enseveli dans le cimetière de Chaussenac par M. Mailhes, curé de Pleaux. Il n'avait que 52 ans. Il était né le 27 novembre 1762 et avait passé dans le pays tout le temps de la Révolution.

Antoine Senaud avait un frère, prêtre comme lui, et qui, à son exemple, resta dans le pays pendant les mauvais jours de 1793. Je n'ai pu savoir d'où ils étaient originaires.

A la mort d'Antoine Senaud, il y eut une vacance de plusieurs mois. Lescure Pierre, curé d'Ally, et des prêtres habitués de Chaussenac, remplirent les fonctions curiales pendant cette période, car il n'y avait point alors de vicaire à Chaussenac.

Le mois d'août 1814, *Etienne Veyssier* fut nommé à la cure de Chaussenac. Il y mourut en 1815 et fut enterré dans le cimetière de la paroisse, le 10 décembre, par Pierre Lescure, curé d'Ally, qui était de Chabus. Etienne Veyssier, né le 7 avril 1769, n'avait encore que 47 ans.

Jean Armand le remplaça. C'était le quatrième curé de Chaussenac depuis 1802. La succession était trop souvent ouverte pour que la tradition ait pu nous transmettre beaucoup de détails sur ces figures sacerdotales qui ne faisaient qu'apparaître un jour et disparaissaient aussitôt. Nul ne se souvient à Chaussenac de Senaud et de Veyssier, mais ils ne sont pas rares ceux qui ont gardé le souvenir de M. Armand, soit pour l'avoir connu, soit pour avoir entendu parler de lui par leurs parents.

Jean Armand vint à Chaussenac en 1816, le 8 janvier. Il était précédemment vicaire à Mauriac. Né à Granoux, paroisse de Pleaux, en 1755, il était prêtre longtemps avant qu'éclatât la tourmente révolutionnaire. Son neveu, Jean Armand, de Loudiès, qui avait vécu avec lui à Chaussenac, a pu me donner des renseignements précieux, à l'aide desquels je pourai ressusciter à peu près la figure patriarcale qu'était celle du curé Jean Armand. Il émigra en Espagne et habita **Madrid**. Que fut-il aussitôt après le rétablissement du culte, qu'avait-il été avant 1793, je ne saurais le dire, n'ayant rien trouvé qui me l'apprit. Il fut curé de Chaussenac depuis 1816 jusqu'en 1831, et venait de Mauriac, comme je l'ai dit, et c'est tout.

Ce fut un curé plein de bonhomie, parlant à peu près toujours le patois, tutoyant tout le monde, aimant à vivre avec ses paroissiens qu'il recevait simplement à sa table les dimanches. Il était, dit-on, prêtre avant tout, aimé et respecté de tous. Il se retira à Granoux et y mourut en 1837 ou 1838.

Pierre Gamet. — Ce prêtre prit possession de la cure de Chaussenac en 1831, au mois d'octobre. Ce qu'il fit dans cette paroisse le voici en deux mots : Ses habitudes étaient autres que celles de son prédécesseur ; et sans être ce que l'on pourrait appeler un homme du monde, Pierre Gamet avait beaucoup moins de laisser aller et plus de tenue. Il ne fut pas moins aimé parce que ses manières étaient étrangères à la fierté qui repousse au lieu d'attirer.

Ce fut lui qui fit construire le presbytère de Chaussenac tel que nous l'avons aujourd'hui, sur l'emplacement de celui que Pierre Lachambre avait bâti en 1729. C'était en 1833. La paroisse de Chaussenac se plaça ainsi au premier rang dans le canton de Pleaux, pour le confortable du logement de son curé ; aujour-

d'hui elle est redescendue au dernier rang, vu
que les autres paroisses ont des presbytères
neufs et, pour la plupart, établis dans de meilleures conditions. On ne trouverait aucune
autre maison de curé qui n'ait ni *devant* ni
derrière, comme le presbytère de Chaussenac ;
et de fait, le devant est à tout le monde, puisque
c'est la place publique, et le derrière à un voisin
du curé, dont le jardin touche aux murailles de
la maison. Ne pourrait-on pas remédier à cet
inconvénient et mettre le curé de Chaussenac
dans un état moins anormal? — M. Gamet qui
était venu de Pleaux, où il était vicaire, alla
mourir à Massiac, où il fut nommé curé en 1837,
emportant les regrets de Chaussenac.

Pierre Chavinier. — Ce curé succéda immédiatement à Pierre Gamet. Il exerça les fonctions curiales à Chaussenac depuis l'année
1837 jusqu'en 1873. En tout 36 ans. C'est un
long espace de temps, et un curé qui le passe
tout entier à faire le bien, doit laisser après lui
d'heureuses traces de son ministère. Tel fut
Monsieur Chavinier, dont le parfum de mérite
n'a pas encore cessé de se répandre sur Chaussenac. Voilà une figure de prêtre qui n'est pas
ordinaire et qu'il nous serait d'autant plus
agréable de dépeindre comme il conviendrait,
qu'elle en est plus digne. Nous l'avons beaucoup
connu, beaucoup craint, aimé encore davantage.
La crainte qu'il nous inspirait était révéren-

tielle et salutaire ; l'affection que nous eûmes pour lui nous était rendue au centuple, paternellement. M. Chavinier m'avait baptisé et ce fut lui qui me prépara à ma première communion ; c'est lui encore qui dirigea ma vocation sacerdotale et qui me servit de conseil durant mes premiers pas dans le ministère paroissial. Ce sont des services dont le temps ni rien ne peut effacer le souvenir et que ne peut payer la reconnaissance même la plus profonde. Il nous semble que sur ce prêtre nous pourrions écrire tout un volume et que ce volume serait palpitant d'intérêt.

Notre cadre nous condamne à nous restreindre, mais nous dirons assez, ce nous semble, pour que cette figure de prêtre encore vivante, ici, reste gravée dans tous les souvenirs. Nous dirons le bien et le mal, s'il y a lieu, les qualités, les défauts, s'il y en a, parce que nous le devons à la vérité historique, aussi parce que les ombres ne serviront qu'à égayer le tableau et à compléter l'image.

Pierre Chavinier naquit au village de Tampahiergues, paroisse d'Antignac, canton de Saignes, en 1798. Il fit ses premières études dans sa paroisse natale et les termina au collège de Mauriac, alors très florissant. Ce fut au Séminaire de Saint-Sulpice, à Paris, qu'il se prépara au sacerdoce ; et au sortir du Grand-Séminaire, il fut nommé vicaire à Saint-Denis, où il eut pour collègue l'abbé Olivier, mort évêque d'Evreux, et auquel M. Chavinier ne se croyait pas inférieur.

Il ne tarda pas à rentrer dans le diocèse où il était né, attiré par sa famille. Vicaire à Pleaux et à Massiac successivement, il fut nommé ensuite à la cure d'Antignac ; ce qui lui faisait dire qu'il « avait été curé de son père, de sa mère et de son maire ».

D'Antignac, Pierre Chavinier vint à Chaussenac avec plaisir, parce que cette nomination le remettait en relation avec ses amis de Pleaux.

C'était un homme intelligent ; il avait des connaissances variées, un peu superficielles, peut-être, mais dont il savait bien tirer parti. Son jugement était droit, solide, quoique un peu gâté par une nature primesautière et une surabondance d'esprit. Il excellait dans le genre épistolaire et se piquait de littérature. Sa manière, disait-on, rappelait celle de la célèbre marquise de Sévigné, qu'il n'égalait pas. Je regrette de n'avoir pu découvrir aucune de ses lettres que j'aurais pu citer ; mais je puis donner un trait de lui qui n'est pas sans quelque intérêt. — Il me souvient qu'un jour, durant un voyage que je fis au Vaulmier, je trouvai M. Chambon, ami de M. Chavinier, fort empêché de comprendre le sens de cette phrase : « Tu n'en fais pas d'autres ; après m'avoir promis que tu assisterais aux exercices de la retraite pastorale, qui viennent d'avoir lieu au Petit-Séminaire de Pleaux, tu as brillé par ton absence. Aussi tu seras puni par où tu as péché; tu n'auras pas vu une chose qu'on n'avait jamais vue ici : *Juillet en septembre.* » Je tirai facilement d'embarras M. le chanoine Chambon, moi qui avais vu cette merveille : *Juillet en septembre !* J'avais vu, entendu même M. *Juillet*, chanoine d'Autun, vicaire général, prêchant au mois de *septembre* la retraite au clergé de Saint-Flour.

M. Chavinier avait, des hommes et des choses, une de ces intuitions qui n'appartiennent qu'aux esprits privilégiés. C'est pourquoi il était intéressant et son langage portait juste, dans ces conversations intimes, où sa verve un peu hésitante finissait par trouver le mot qui convenait. Etait-il de l'école de ceux qui mettent dans leur catéchisme qu'un mot spirituel couvre la multitude des péchés ? — On serait tenté de le croire, car il ne savait jamais recu'er devant un bon mot, même au péril de laisser dans l'esprit de celui qui en était atteint, une de ces impressions qui ne s'effacent jamais entièrement et ressemblent à de la rancune.

A ce jeu de la pointe et de la mordante saillie M. Chavinier récolta, tant au dehors qu'au dedans, dans sa paroisse et ailleurs, plus d'une de ces tracasseries plus ou moins de bonne guerre, dont il eut à souffrir, mais qu'il avait provoquées par d'imprudentes paroles ou des partialités.

Au reste, tout le monde, sans en excepter ses adversaires, rendait justice à sa bonté de cœur, à sa dignité sacerdotale, à sa régularité dans l'accomplissement de ses devoirs de pasteur, à cet ensemble de qualités qui distinguent le prêtre animé de l'esprit de son état et zélé pour le salut des âmes.

Là où M. Chavinier excellait, c'était l'œuvre des catéchismes. Il n'était ni orateur, ni même un prédicateur attrayant ; mais il avait un don particulier pour insinuer dans l'esprit des enfants, mettre à leur portée et leur inculquer les points les plus difficiles de la doctrine chrétienne.

Les lumières acquises sur les bancs du catéchisme, entretenues, développées par l'enseignement du dimanche, fortifiées par sa méthode de direction, nette, précise, toute doctrinale et méthodique, portaient des fruits constants et durables. De là cette jeunesse réservée, d'une tenue correcte, irréprochable, qu'était celle de Chaussenac ; de là ces mères de famille si chrétiennes, vrais modèles de foi et de saintes habitudes, rappelant au foyer domestique la femme forte des temps bibliques.

Le sexe fort, lui aussi, tirait profit de cette atmosphère d'hygiène morale qui enveloppait la paroisse de Chaussenac d'un manteau protecteur, comme ces nuées artificielles qui, au printemps, préservent la vigne des gelées tardives, par les soins prudents et industrieux d'un intelligent vigneron.

On s'accorde à dire maintenant que ces temps, déjà lointains, exercent encore une heureuse influence sur les sentiments chrétiens d'aujourd'hui. Tant il est vrai qu'une persuasion profonde tend naturellement à se communiquer de générations en générations, surtout lorsque viennent d'autres ouvriers qui savent exploiter ces éléments premiers.

Telle vie telle mort ! dirons-nous en terminant cette notice particulière à M. Chavinier, où nous nous attarderions volontiers, si nous n'écoutions que les sentiments de notre cœur.

Atteint d'une bronchite capillaire, qu'il avait contractée dans l'exercice de son ministère, pendant les prières de quarante heures de l'année 1873, ce bon prêtre, dans le délire qui ne le quitta guère pendant deux jours, ne parlait que de confession, de catéchisme et de choses se rapportant à ses fonctions sacerdotales.

A sa dernière heure, sa lucidité d'esprit fut parfaite et il garda jusqu'à la fin la marque distinctive de son caractère bouillant. Comme le prêtre qui lui administrait les derniers sacrements, peu pressé par nature et cassé par les ans et le travail, se hâtait un peu trop lentement, au gré du moribond, celui-ci le gourmandait et le priait d'en finir au plus vite.

Il y eut foule à ses obsèques qui eurent lieu le 3 mars à Chaussenac. Sa louange tombait non pas seulement de la bouche des enfants, comme dit le psalmiste, mais encore des lèvres de tous en général, sans excepter ceux qui eussent, la veille encore, pu passer pour ses ennemis irréconciliables.

Un homme qui le connaissait bien et savait l'apprécier dit sur sa tombe : « M. Chavignier joignait à la piété de Massillon l'esprit de Rabelais » ; ce n'était pas pour faire entendre que son esprit était rabelaisien, mais bien qu'il avait de l'esprit autant que Rabelais.

Et si quelqu'un pouvait penser que ces détails excèdent la mesure, je dirais : jamais, peut être, il ne fut plus vrai d'affirmer qu'on n'est pas plus éloquent que lorsque la langue s'inspire des sentiments du cœur.

Le cœur ne se trompe ni ne trompe, et il ne saurait convenir qu'il a dépassé les bornes d'une légitime admiration, quand il s'agit d'un être cher et dont le souvenir est demeuré comme celui d'un rêve heureux !

Et que reste-t-il de lui maintenant ? Ce qui est contenu dans ces paroles de l'oracle sacré : *defunctus adhuc loquittur*. Oui, le mort vit encore et il vivra toujours ! C'est ainsi que s'évanouissent les petits calculs des intérêts personnels devant le concert de louanges de l'opinion publique, qui est la seule vraie !

Jean-Pierre Pagis. — Pour trouver le successeur de M. Chavinier à la cure de Chaussenac, il faut aller à l'évêché de Verdun, en passant par la cure de Salers et l'évêché de Tarentaise.

Il est un principe établi qui veut que l'on se taise sur les vertus et les œuvres de tout homme qui est encore sur la scène du monde ; ce n'est pas que nous ne voyons faire tous les jours de nombreux accrocs à cette règle, et pour la moindre occasion ; ce n'est pas que la chroniqueur qui écrit pour l'avenir plus que pour le présent, n'ait pas de graves raisons pour s'affranchir de cette contrainte ; cependant nous voulons, quoi qu'il nous en coûte, nous astreindre à cette règle, soit pour les anciens curés de Chaussenac encore vivants, soit pour les prêtres originaires de notre paroisse que Dieu n'a pas encore appelés à lui, mais ce n'est pas sans regret.

Cependant, en ce qui concerne Mgr Pagis, nous ne regretterons nullement cette contrainte ; il nous répugnerait beaucoup de parler de sa personne et de ses œuvres en quelques traits de plume seulement ; les contemporains qui savent sa vie n'y trouveraient pas leur compte ; et ceux de l'avenir auront certainement un jour — nous souhaitons que ce soit le plus tard possible — un récit complet de la vie et des œuvres de cet évêque d'Auvergne dont le nom et le rôle appartiennent dès longtemps à l'histoire.

A quoi servirait-il, alors, que nous disions nous-même que, né à Pleaux, il fut quatorze ans professeur de philosophie de l'établissement qui avait abrité sa jeunesse ; qu'il dirigea cinq ans la paroisse de Chaussenac et quatre ans celle de Salers ; qu'on le prit là pour le faire évêque de Tarentaise, d'où il fut transféré à l'évêché de Verdun, où il est depuis neuf ans, après six ans de séjour à Moûtiers ? Nous ne le dirons certes pas et nous laisserons une plume plus autorisée que la nôtre s'acquitter de ce soin plus tard.

A l'égard des prêtres vivants dont le nom viendra sous notre plume, la nécessité où nous sommes d'être sobres de détails sera plus regrettable, parce que nous pourrions, peut-être, parler d'eux avec plus de connaissance de cause qu'un autre qui, ne les ayant pas connus, sera exposé, condamné même à négliger beaucoup de choses utiles. Le lecteur peut se rendre compte de cet inconvénient, en se rappelant combien notre récit a été forcément aride au sujet des faits qui remontent à une époque trop reculée.

N'importe, les usages font loi et nous les suivrons.

Louis Manilève, huitième curé de Chaussenac depuis la Révolution, succéda à Mgr Pagis au mois de mars 1878. Il fut installé par son frère, Arsène Manilève, le dimanche des Rameaux.

Ce prêtre était né à Laboudie, près Pleaux,

en 1835. La famille de laquelle il était issu, l'une des plus honorables du pays, a donné six prêtres au diocèse de Saint-Flour, en ce siècle.

1° L'ancien curé de Lanobre, mort retiré à Pleaux en 1878, et oncle du curé de Chaussenac ; 2° Arsène Manilève, neveu du précédent et frère de Louis, qui fut quarante ans professeur au Petit-Séminaire de Pleaux, où il mourut en 1889 ; 3° l'abbé Louis, curé de Chaussenac ; 4° Pierre-Jean Manilève, leur cousin, mort curé de Drignac, en 1872 ; 5° M. Albert Manilève, neveu du précédent, présentement vicaire à Raulhac ; 6° M. Antoine Manilève, neveu d'Arsène et de Louis, actuellement vicaire à Siran.

Celui qui fut curé de Chaussenac pendant dix ans avait été préfet de discipline au Petit-Séminaire de Pleaux durant trois années, puis, successivement, vicaire de Fontanges et de Notre-Dame aux Neiges d'Aurillac.

Il s'était acquis, dans cette ville, une réputation méritée de prédicateur qu'il ne perdit pas à Chaussenac, où il donna des marques d'un homme bien doué intellectuellement, fut regardé comme possesseur des qualités d'un bon administrateur et animé de l'esprit d'ordre et de règle.

Au moment où l'opinion publique le désignait pour un poste supérieur, on apprenait avec étonnement qu'il songeait à la retraite.

La maladie dont il souffrait devait, sept ans plus tard, expliquer cette détermination.

Après être resté chapelain d'Aurinques depuis son départ de Chaussenac jusqu'en 1895, M. Manilève voulut se rapprocher des siens et rentra dans sa famille.

Ce rapprochement l'ayant mis en rapports plus faciles avec ses anciens paroissiens, il vint passer à Chaussenac tout une semaine, au mois d'octobre de la même année.

Il était reparti pour Laboudie très enchanté de l'accueil que lui avaient fait ses amis de Chaussenac, et il s'était promis de renouveler sa visite. Il avait compté sans la mort impitoyable.

Le 18 novembre suivant, il mourait subitement frappé.

La paroisse de Chaussenac lui donna des marques de sa sympathie le jour des obsèques qui se firent à Pleaux, où elle fut largement et honorablement représentée, malgré le mauvais temps d'un jour froid et neigeux.

Avit-François Salvy succéda à M. Manilève en octobre 1888. Qu'il me soit permis de dire familièrement que ce nouveau curé était pour nous, habitants de Chaussenac, une vieille connaissance de près de cinquante années, et que notre paroisse vit revenir avec joie, comme curé, celui qui en avait été six ans vicaire, depuis 1847 jusqu'en 1853. Il venait alors de la pension Aymar, d'Aurillac, où il avait été un an maître répétiteur. Six ans de vicairie l'avaient préparé pour de plus hautes destinées, et Saint-Chamant ne fut, pendant une année, qu'une étape pour aller à Saint-Cernin et de là à Mauriac. Ce fut après vingt-trois ans de bons et loyaux services que M. Salvy fut désigné pour la cure de Sainte-Eulalie, l'une des principales du canton de Pleaux. Il passa, quatre ans après, à la cure de Saint-Santin de Laroquebrou, plus importante encore. Sentant diminuer ses forces, il sollicita et obtint la cure de Chaussenac, d'un service plus commode et qui le rappochait de sa famille. Neuf ans après, M. Salvy, ayant cinquante années de sacerdoce et soixante-quinze ans d'âge, avec quelques infirmités naissantes, nul ne s'étonna qu'il voulût prendre un repos légitimement acquis. Chaussenac seul put se plaindre d'une telle détermination. Depuis quatre ans, son Evêque avait voulu récompenser ses mérites en le nommant chanoine honoraire, et nul ne pensa jamais que cet honneur ne fût pleinement mérité

Nous venions d'écrire ce qui précède et de témoigner nos regrets au prêtre qui allait nous quitter, lorsque nous arrivait la nouvelle que M. Plantecoste, ancien vicaire de Riom-ès-Montagnes et hier encore curé de Madic, était désigné pour lui succéder. Le prêtre ne meurt pas et toujours et partout il exerce sa féconde influence. Plaise à Dieu que le nouveau curé de Chaussenac soit, pour cette paroisse, un digne continuateur de ceux qui l'y ont précédé. On nous en donne l'assurance et nous nous en réjouissons !

II. — Les Vicaires

Nous avons dû consacrer aux vicaires de Chaussenac un paragraphe particulier dans le Chapitre V, au lieu de les grouper autour de leur curé, comme nous l'avions fait dans notre *monographie* de Barriac. Cette séparation s'explique par le grand nombre de sujets dont nous avons à nous entretenir et par l'importance des détails qui se rapportent à chacun n'eux. Il y aura de la sorte moins d'obscurité dans notre récit et l'ordre de succession sera plus net et plus facile à suivre.

Depuis 1793 jusqu'en 1820, il n'y eut à Chaussenac aucun vicaire, car on ne peut compter comme tel Antoine Senaud, qui fut vicaire régent de M. Dabertrand avec future succession.

Le premier vicaire de Chaussenac après la Révolution a été Guillaume Muratet. Ce prêtre était né en 1795, au mois de décembre. Il fit ses études au collège de Mauriac avec un sien frère qui fut curé de St-Mamet. Ordonné prêtre le 21 septembre 1819, Guillaume Muratet vint à Chaussenac la même année et y resta depuis le 9 novembre jusqu'au 21 janvier 1820. Il prenait, cette année-là, possession de la vicairie de Mauriac et passait à Vic-sur-Cère le 24 novembre 1823. L'année suivante il était nommé à Aurillac. En 1828 il devenait doyen de Montsalvy où il demeura jusqu'en 1844. Cette année-là, le 7 janvier, il était nommé à la cure de Pleaux. — Toutes ces dates sont authentiques, attendu qu'elles ont été trouvées écrites de la main même de l'ancien curé de Pleaux et vicaire de Chaussenac.

Tels sont les états de service de Guillaume Muratet qui suffiraient à établir la valeur de celui dont nous esquissons rapidement la vie.

Mais, pour compléter les données propres à faire ressortir le mérite de Guillaume Muratet, nous avons deux pièces non moins authentiques et dont l'original même nous a été communiqué. Nous sommes heureux de pouvoir les citer textuellement.

Le 29 août 1844, M. Bellet, vicaire général, écrivait à M. Muratet, alors curé de Pleaux :

« J'ai reçu, mon cher Muratet, l'opuscule que vous avez fait sur Montsalvy. Je vous remercie de l'hommage que vous m'en avez fait Je ne l'ai pas encore lu en entier, mais j'en ai lu assez pour voir que c'est un ouvrage de recherches immenses, qui sont le fait d'un bénédictin plus que d'un curé, et surtout d'un curé dont les goûts me paraissaient se tourner vers la littérature. Quoi qu'il en soit, c'est un monument que vous avez élevé en l'honneur de votre ancienne paroisse, sur lequel on peut graver votre nom et dire : *nec pluribus impar.* Je vous renouvelle l'assurance de mon inaltérable attachement.

« BELLET, *v. g.* »

M. Muratet avait composé d'autres ouvrages qui n'ont pas été imprimés, mais dont les manuscrits subsistent et sont à la disposition de son neveu, M. le curé de Ladinhac. Ses *Sermons,* son *Catéchisme,* ses *Soirées de Montsalvy* pourraient avoir de l'intérêt, quand on songe au mérite de la *Notice historique.*

En 1850, M. Muratet était nommé membre de l'académie de l'*enseignement* de Clermont, et M. Lunel, secrétaire de la dite académie, lui annonçait le choix qui avait été fait de lui en termes élogieux : « On avait voulu lui donner une marque de la sympathie qu'inspirait à l'académie sa qualité d'homme dévoué au culte de l'étude et de l'appréciation qu'elle faisait de ses travaux. »

Enfin, Mgr d'Auzers, qui avait eu M. Muratet pour vicaire à Mauriac, lui offrit le titre de vicaire général de Nevers, lorsqu'il fut élevé aux honneurs de l'épiscopat.

Ce digne prêtre mourut à Pleaux le 17 février 1856. — Il me souvient que je fus un des élèves du petit séminaire choisis pour le porter en terre. — Je dois la plupart de ces détails à M. Muratet, curé de Ladinhac, ancien vicaire d'Ally.

Antoine Lescure. — Il succéda à Guillaume Muratet, à Chaussenac et y resta peu de temps, lui aussi. Venu au commencement de l'année 1821, il en partit en 1822. En quittant Chaussenac, il alla remplir les fonctions de chapelain à Madic. Je crois qu'il fut ensuite curé de Besse et qu'il mourut à Pomier, paroisse d'Ally, où il s'était retiré en 1855 ou 1856.

Il eut pour successeur *Antoine Chauvet*, de Ruzzole, commune d'Anglards-de-Salers. Il fut vicaire de Chaussenac jusqu'en 1829 et alla mourir, jeune encore, à Reilhac où il était curé. Ce prêtre était très populaire à Chaussenac.

Antoine Salvage, venu à Chaussenac en 1830, au commencement de l'année, y resta jusqu'en 1833. Le 1er avril de cette même année, il fut transféré à Anglards-de-Salers. Là, j'ai perdu ses traces, mais je soupçonne que c'est ce même Antoine Salvage qui fut curé de Drignac et y mourut, sauf erreur.

Ces trois prêtres exercèrent les fonctions de vicaire sous M. Armand. Antoine Salvage fut quelque temps vicaire de M. Gamet.

Ce curé eut encore deux autres vicaires :

Léger Chatonier et *N. Roche*. Le premier, né à Trizac, seconda bien M. Gamet lors de la construction du presbytère de Chaussenac ; il fut successivement vicaire d'Ally et de Drugeac et devint curé d'Enchanet, paroisse à peine créée et y donna de l'extension au pèlerinage du 8 septembre.

Roche, son successeur à Chaussenac en 1835, devint curé de Coren, près de Saint-Flour. Il avait été quelques mois le vicaire de M. Chavinier, qui en eut cinq autres.

Jean Lapeyre succéda à N. Roche en 1837.

Jean Lapeyre, au dire des habitants de Chaussenac, ne fut pas le vicaire qui sympathisa le mieux avec M. Chavinier, quoiqu'il ait été six ans son vicaire, circonstance qui semblerait démontrer que la différence des caractères n'empêche pas l'amour du devoir de produire l'accord pour le bien public.

Ce prêtre, en quittant Chaussenac, rentra dans sa famille à Laroquebrou et bientôt il s'enrôla dans le clergé Périgourdin et mourut dans son diocèse d'adoption.

C'est tout ce que nous avons pu recueillir sur le compte de ces sept premiers vicaires de Chaussenac depuis 1793. — A partir de ce moment nous trouverons sur notre chemin des hommes plus connus et dont nous pourrons parler plus pertinemment.

Antoine Bergheaud, d'Anglards, succéda à M.

Lapeyre en 1843. Né à Haut-Bagnac, il fit de brillantes études à Mauriac. Prêtre, il fut envoyé vicaire à Chaussenac, dans le voisinage de son digne oncle, qui était curé de Brageac et mourut curé de Drugeac beaucoup plus tard.

De Chaussenac, où il resta deux ans, Antoine Bergheaud fut nommé à la vicairie de Saint-Cernin, après avoir décliné l'honneur de succéder à M. Latournerie, dans la chaire de rhétorique du petit-séminaire de Pleaux. En 1853, il fut changé de Saint-Cernin à Pleaux où il exerça les fonctions de vicaire jusqu'en 1866. A cette époque il fut remplacé par un vicaire plus jeune, et il garda jusqu'en 1872, année de sa mort, le titre de vicaire honoraire de Pleaux.

Partout où M. Bergheaud fut vicaire, il laissa le souvenir d'un prêtre animé de l'esprit de son état et il y fit le bien.

Doué d'intelligence, ce prêtre aurait pu s'élever et occuper d'autres situations. Peut-être eut-il tort de refuser la chaire de rhétorique. Quoiqu'il en soit, on le laissa dans une situation modeste parce que l'on savait que c'était dans ses goûts. Il n'est pas moins vrai qu'ainsi des hommes de valeur ne donnent qu'une somme minime du bien qu'ils pourraient produire, pour s'être condamnés à une fâcheuse négligence de culture intellectuelle, qui n'eut pas été possible sur un autre théâtre et avec d'autres devoirs pour stimuler leur volonté.

La nature quelque peu originale de M. l'abbé Bergheaud, d'une stagnation innée, était légèrement imbue de cet égoïsme né d'une situation qui ne le condamnait pas à payer beaucoup de sa personne, et lui permettait de rapporter à lui-même une trop large part de son attention.

Homme de gaie allure, les rapports étaient faciles avec lui, à la condition de ménager les exigences de ce défaut toujours à charge à autrui.

Ses accès d'hilarité, parfois excessive, sont restés chose proverbiale à Pleaux.

Nous savons que sa devise fut : prêtre avant tout ! Il y fut fidèle. D'un zèle constant et dévoué, il ne savait pas marchander sa peine quand il s'agissait de faire son devoir de vicaire. Mais c'était tout ce qu'on pouvait en attendre. Il semblait n'avoir pas la première notion des moindres affaires temporelles et sa négligence du matériel de l'existence ne pourrait avoir que son égale, nous ne saurions l'en louer, car il y a des soins temporels qui sont de première nécessité et touchent de bien près à un rigoureux devoir.

A ce bon prêtre et sincère ami, nous nous sommes plu de rendre justice ; et si nous avons soulevé le voile de ses petits travers, — qui n'en a pas ? — nous le devions à l'exactitude du portrait. Sa mémoire ne saurait en souffrir après sa mort, pas plus que son honorabilité n'en fut gravement atteinte pendant sa vie.

M. Bergheaud eut pour successeur à Chaussenac un condisciple et ami, Marcellin Delteil.
Prêtre de l'ordination de 1840, il fut cinq ans
professeur de la maison près de laquelle il était
né, le petit-séminaire de Pleaux. Il contribua
de la sorte, avec les Aurier, Chanut, Lavergne,
etc., à l'œuvre à la tête de laquelle se trouvait
M. Pau, supérieur du Petit-Séminaire, depuis
l'année 1839.

Vicaire à Chaussenac en 1845, Marcellin
Delteil devint, en 1847, vicaire de son frère,
curé de Marchastel, en octobre. Nommé desser-
vant de la Monselie, il fut, quelques années
après, transféré à Saint-Christophe en 1872, où
il est mort.

Chanoine honoraire, vice-président de la
conférence, M. Delteil a laissé, parmi ses
confrères, l'impression d'un prêtre d'intelligence
et même de savoir ; Saint-Christophe l'a regardé
comme un de ses plus distingués curés.

M. Avit-François Salvy, déjà nommé au rang
des curés de Chaussenac, avait été vicaire de
cette paroisse, comme nous l'avons dit, et il y
avait succédé à M. Delteil. Nous le connaissons
trop favorablement pour le remettre ici en
cause.

L'abbé Mathieu qui le remplaça, en 1853,
était déjà un vénérable à cheveux blancs, avec
des filets dorés, quand il vint à Chaussenac.

Plein de bonhomie, le nouveau vicaire n'eut bientôt pas d'autre qualification parmi les grands comme parmi les jeunes, que celle de *père Mathieu.* De prime abord il s'était insinué dans l'esprit de la population, qui avait à son égard un abandon qu'égalait celui qu'il avait lui-même envers tout le monde. Son règne de 17 ans montre aussi qu'il avait eu le talent de gagner la bienveillance de son curé, ou que Dieu l'avait doué d'une patience suffisante pour s'accommoder de sa variabilité d'humeur. Il vécut avec M. Chavinier à peu près autant que tous ses autres vicaires ensemble.

Originaire de Marcombes, paroisse de Valette, Jacques Mathieu y alla mourir. Il y avait sept ans qu'il s'était retiré et 78 qu'il était venu au monde. Ayant émigré et fait du négoce dans le Berry, avant de commencer ses études, l'abbé Mathieu avait 33 ans quand il fut ordonné prêtre.

C'est ce qui explique, dans une certaine mesure, qu'il ait passé sa vie modestement, remplissant les fonctions de vicaire à Saint-Etienne de Riom et à Chaussenac successivement, sans rien ambitionner de plus.

Un jeune prêtre, fraîchement ordonné, lui fut donné pour successeur en 1870 ; c'était l'abbé *Jacques Boyer,* de Barriac. Ceux de nos lecteurs qui ont suivi notre récit historique sur la paroisse de Barriac, l'année dernière, auront appris à le connaître. Quant aux habitants de

Chaussenac, la plupart s'en souviennent encore ;
mais comme depuis vingt-cinq ans qu'il a quitté
cette paroisse, beaucoup sont nés qui ne le
connurent point, nous essaierons de le faire
revivre pour eux et pour ceux de l'avenir
qu'intéressera cette notice paroissiale.

Son curé, M. Chavinier, nous semblait l'aimer
comme un père aurait aimé son enfant ; nul
aussi bien que M. Boyer n'avait su entendre le
caractère de M. Chavinier et nul, mieux que lui,
n'avait su prendre le ton qui convenait dans le
presbytère de Chaussenac à cette époque. La
concorde et la paix régnèrent là pendant trois
ans et le bien s'en suivit. Chaussenac regretta
le départ de son vicaire qui fut nommé à Riom,
peu de temps après l'arrivée de M. Pagis à
Chaussenac, à titre de curé.

Mourir à 41 ans, quand on a tant d'espérances
d'avenir, c'est bien dommage ! Pourtant ce fut
ainsi. M. Boyer, après cinq ans de séjour à
Riom, fut envoyé à Mauriac où il resta cinq
ans encore, et ç'a été tout ! Sa vie avait été
remplie par les œuvres d'un dévouement qui
ne savait jamais reculer devant un sacrifice,
mais elle avait été trop courte pour sa famille,
pour ceux qui le connaissaient et l'estimaient,
pour le bien des âmes qu'il aurait encore pu
sanctifier et sauver. Il méritait bien les démons-
trations sympathiques de la ville de Mauriac à
l'occasion de ses obséques. Elles sont restées

inoubliables comme son souvenir. C'est en attendant le réveil éternel qu'il dort du sommeil des justes dans le cimetière de la dernière paroisse où s'exerça son zèle ardent. Il mourut en 1886, le 13 décembre.

Son successeur, *M. Gérôme Gaillard,* nous fait rencontrer un ami du Petit-Séminaire de Pleaux et du Grand-Séminaire de Saint-Flour; un de ces condisciples qu'on ne perd pas de vue, alors même que les destinées ne sont pas les mêmes. Cette qualité d'ami n'est pas une bonne condition d'impartialité; aussi nous ne dirons de M. l'abbé Gaillard que ses états de services, qui sont considérables et variés. Prêtre de 1861, professeur d'histoire au Petit-Séminaire de Saint-Flour deux ans, le successeur de M. Boyer fut ensuite vicaire à Thiézac, d'où il gagna le diocèse d'Angoulême où il fut curé de deux paroisses simultanément; de là il revint dans son diocèse d'origine et fut désigné pour la vicairie de Chaussenac, où il eut pour curé Monseigneur Pagis. Curé du Fau, professeur dans l'enseignement privé, M. Gérôme Gaillard est rentré dans le ministère paroissial en 1895, et nous le retrouvons curé de Saint-Santin de Maurs. Il eut un frère prêtre, Emile, qui est mort trop tôt, curé de la Capelle-Viescamp.

· *M. Chappe,* actuellement curé de Chalvignac et naguère encore curé de Collandres, vint vicaire à Chaussenac en janvier 1875 et y resta jusqu'en 1884. Il eut pour curé Monseigneur Pagis trois ans et six ans M. Manilève. Le voisinage de Chaussenac et de Chalvignac permet à ses amis d'autrefois de le revoir quelquefois avec un plaisir qu'il partage avec eux. La Providence lui a, d'ailleurs, donné un coadjuteur de Chaussenac, M. Berche, qui ne peut être qu'un trait d'union entre le curé de Chalvignac et son ancienne paroisse.

Antoine Fayet qui remplaça M. Chappe à Chaussenac, en 1884, y fit un si court séjour que beaucoup de ceux qui l'y ont vu pourraient n'en avoir pas gardé le souvenir, sans que nous en fussions très étonné. Il nous souvient seulement des regrets que nous entendîmes formuler lors de son prompt départ après un si rapide séjour. Il est de Moussages et nous le retrouvons curé à Sourniac, avec une santé ébranlée, nous dit-on.

La même année, au mois de mai, M. l'abbé *Roux* lui succède, et si nous n'avons trouvé que deux ou trois fois la signature de M. Fayet aux registres de catholicité de Chaussenac, il n'en a pas été de même de celle de M. Roux. Il remplit ici les fonctions de vicaire, partie avec M. Manilève et partie avec M. Salvy, jusqu'en 1890. Ce prêtre se dépensa beaucoup pendant la construction du clocher et cette circonstance lui fournit une occasion unique de se mettre en fréquents rapports avec la population de Chaussenac et de juger de son entrain, quand il s'agit de l'embellissement de notre église.

Quand partit M. Roux pour se livrer à l'enseignement privé, qu'il continue encore, on pensait, on disait que la paroisse de Chaussenac, vu la facilité du service et la pénurie de prêtres qui s'accroît encore, pourrait ne pas avoir de vicaire. L'âge et les infirmités naissantes de M. Salvy ne lui permettaient guère de se charger seul du service d'une paroisse. La Providence y pourvut : M. l'abbé Lescure que quelques années de repos à Cheyssiols avaient rendu apte à travailler encore au salut des âmes, était là, et on le prit.

C'est ainsi que la paroisse de Chaussenac a eu dix-sept vicaires depuis 1802, et dix curés. Le onzième a commencé son règne sous d'heureux auspices.

CHAPITRE VIII

Prêtres nés à Chaussenac

Pour mettre plus d'ordre dans ce chapitre et donner ainsi au lecteur plus de facilité pour classer dans sa mémoire les noms des prêtres nés à Chaussenac, nous les rangerons en trois catégories : 1° les anciens qui vécurent avant le rétablissement du culte, après 1793 ; 2° les nouveaux qui ont vécu depuis le commencement de ce siècle, et sont morts ; 3° ceux enfin qui vivent encore.

Nous classerons par villages ceux de la première catégorie et nous placerons les autres par rang d'ancienneté.

I. — LES ANCIENS

Quoique les noms des prêtres anciens qui viendront ici, sous notre plume, aient déjà paru dans le précédent chapitre, cette partie du chapitre actuel ne fera pas double emploi ; outre que le lecteur verra, groupés dans un même ensemble, les prêtres nés à Chaussenac, il saura, ce que nous n'avons pas dit, quels sont les curés et vicaires de Chaussenac, les prêtres non curés ni vicaires, qui, déjà nommés, étaient originaires de notre paroisse.

Le village de *Cheyssiols* a droit de revendiquer pour lui l'honneur d'avoir donné naissance à deux dignes ecclésiastiques, deux frères, du nom de *Dabernat,* dont l'un s'appelait Pierre et l'autre Michel. Agrégés au diocèse de Nevers, disent les uns, prêtres du diocèse de Clermont, auquel appartenait Chaussenac, disent les autres (1), ils furent l'un curé de Bègue ou Bègne, (registres) et l'autre d'une paroisse non désignée. Ils étaient grands-oncles par la branche paternelle des abbés Eugène et Adrien Lescure. Ils émigrèrent pendant la Révolution et moururent tous deux à Cheyssiols au commencement de ce siècle. Michel fut enseveli dans le cimetière de Chaussenac en 1 813 et Pierre était mort en 1804. Nous n'avons pu trouver nulle part la preuve de l'existence d'autres prêtres de Cheyssiols avant 1793.

Le village de *Cussac* a eu aussi deux prêtres pendant la même période de temps. L'un, *Bourret-Roche,* qui fut curé de Chaussenac, était fils d'un fermier du château. Lorsqu'il quitta la paroisse, il remplit les fonctions de chapelain de la famille de Douhet et mourut à Cussac, en 1761. L'autre, *Pierre Démiche,* fut quelque temps vicaire de Chaussenac et plus longtemps mem-

_____

(1) Dans l'*Ordo* de St-Flour (1813), Michel est qualifié d'ancien curé dans le diocèse de Clermont.

bre de la communauté, ou prêtre filleul, du temps des curés Lachambre et Bourret-Roche. Nous ne pensons pas qu'aucun des autres prêtres dont nos recherches nous ont révélé les noms puisse être attribué au village de Cussac.

Celui d'*Ostenac* est plus riche que les deux précédents. Nous connaissons cinq prêtres qui lui appartiennent pendant la période de deux cents ans dont nous nous occupons.

Lescure Pierre, le plus ancien, remplit longtemps les fonctions de vicaire de Chaussenac. On trouve sa signature dans les registres, soit au temps d'Antoine Gilbert, soit au temps de Lachambre Pierre et même plus tard, sous son successeur. *Cabanes Jacques*, curé de Lafage (Corrèze), vint mourir à Ostenac et fut enseveli au cimetière de Chaussenac en 1811. Nos anciens parlaient d'un *abbé Cabanes* de la même famille, qui avait porté la soutane, mais qui ne fut jamais prêtre et qu'il ne faut pas confondre avec le curé de Lafage auquel il était postérieur.

Pierre Dabertrand, de la maison Clavel, fut communaliste, vicaire et curé de Chaussenac, prêtre proscrit pendant la Révolution. Nos lecteurs s'en souviennent et n'ont qu'à se reporter au chapitre de la période révolutionnaire pour se remémorer toutes les circonstances qui se rattachent à la vie de ce confesseur de la foi.

Périer Antoine était curé du Vigean, près Mauriac, en 1767. Il était le frère du notaire royal et l'oncle de l'ancien banquier de Mauriac, aïeul de Mme Baduel d'Oustrac. Un de ses neveux, Odon Périer, né avant la Révolution, mourut vers 1825, pendant la traversée, en allant en Amérique. Il appartenait à l'ordre des Jésuites.

Tel est le lot du village d'Ostenac, sauf les prêtres inconnus dont les noms sont à jamais tombés dans l'oubli.

Le village d'*Escladines* tient le premier rang avec ses six prêtres nés avant la Révolution, dont deux attireront particulièrement notre attention, l'un comme religieux Bénédictin et l'autre comme confesseur de la foi, en 1793.

Le plus ancien fut *Antoine Lizet*. Il fut mis au collège de Mauriac en 1661; les jésuites le dirigeaient alors brillamment. Après avoir étudié la philosophie à Limoges, il entra chez les Bénédictins réformés, et y fit profession en 1668, au couvent de la Daurade, à Toulouse. Il était fils d'une sœur d'un abbé *Despons*, d'Escladines, dont nous avons trouvé le nom une fois dans les registres de l'église (mairie), et qui est nommé dans la notice suivante, que nous avons tirée d'une généalogie des Lizet d'Escladines, écrite par le religieux Bénédictin.

Pierre Lizet, du village de Lacoste, paroisse de Saint-Martin-Valmeroux, et marié à Escladines vers 1620, se livra au négoce en Espagne et s'y enrichit. Par suite de procès malheureux et autres mauvaises affaires, il éprouva de grandes pertes qui ne lui permirent pas de donner à ses enfants une éducation convenable; l'abbé Despons, son beau-frère, y suppléa et fit étudier Antoine Lizet, qui fut Bénédictin. Ce Pierre Lizet dont il s'agit ici s'était donc marié à Escladines à une Despons. Cette maison était connue, alors, sous le titre de *chez Georges*.

Le religieux Antoine Lizet eut cinq frères et quatre sœurs. L'aîné, dont on n'a pas le nom, mourut très jeune ; le second se maria au Monteil d'Ally, à une fille Laboyrie ; le troisième, Antoine, fit le négoce en Espagne ; le quatrième, appelé aussi Antoine, fut notre Bénédictin; le cinquième, Jean-Gérard, ne nous est pas connu autrement que par son nom.

Les filles étaient : Catherine, mariée à Ostenac et qui mourut sans descendants ; Maria, qui épousa Toubérou, de Chavergne ; la troisième épousa Antoine Laboyrie, du Monteil, et la quatrième, Marguerite, resta et mourut célibataire au foyer de la famille.

Jean Lizet, fils de Géraud, se maria à l'âge de 33 ans, à Marie Irondy, fille de son plus proche voisin (maison Papon). — Les Papon vinrent plus tard du Puy-de-Dôme à Cussac d'où étaient originaires ceux d'Escladines. De Jean Lizet et de Marie Irondy naquirent :

1° Marie Lizet, baptisée le 25 avril 1706 ; Antoine Lizet, né en 1708. C'est ce dernier qui continua la lignée et dont le fils épousa une autre Irondy, mère de M. l'abbé Lizet, vicaire général de Verdun, laquelle vit encore.

Un autre prêtre d'Escladines, parent des Lizet, s'appelait *Jean Laboyrie* et fut vicaire de Chaussenac en 1775. — Les Lizet descendent de la famille de Pierre Lizet, président au Parlement de Paris, qui joua un rôle important dans la première partie du XVIe siècle et mourut en 1554, à l'âge de 72 ans, après s'être fait prêtre dans sa vieillesse (à 68 ans).

Escladines eut encore un prêtre du nom de *Chavarie (sic)*. C'est ainsi que nous avons trouvé ce nom écrit dans diverses pièces de l'église qui dénotent qu'il était prêtre communaliste de Chaussenac.

Le cinquième prêtre d'Escladines était *Pierre Servel*, qui fut curé de Saint-Christophe peu de temps avant la Révolution, croyons-nous. La famille Delfraissy-Laden possède des cuillers d'argent qui lui ont appartenu.

Enfin, le sixième et le plus intéressant de tous fut *Guillaume Irondy*. Il naquit en 1723. Quand éclata la Révolution il était curé de Vesse, arrondissement de Gannat (Allier) qui était du diocèse de Clermont.

Il refusa courageusement le serment en 1791, fut emprisonné, mais épargné à cause de son grand âge. Cependant en 1793 il n'évita pas l'exportation malgré qu'il fut plus que sexagénaire et il fut envoyé à Rochefort, pour être de là interné à l'ile Madame, qui est à l'embouchure de la Charente. Il y mourut la même année, c'est-à-dire en 1794, des mauvais traitements qu'on lui fit subir et des privations auxquelles il fut soumis.

Ces détails sont tirés, soit des Bollandistes, soit des *Martyrs de la foi pendant la Révolution*. M. l'abbé Lizet et M. l'abbé Borderie peuvent se glorifier d'avoir eu dans leurs familles d'honorables devanciers dont ils n'ont pas dégénéré. Il y avait aussi au village d'Escladines, après la Révolution, un Carme sorti du couvent de Pleaux, en 1791, qui faisait la classe dans un fournil du village. Il était de *chez Grangié* et devait s'appeler Gineste.

Le bourg de Chaussenac peut revendiquer pour lui neuf prêtres durant cette période de deux cents ans qui s'écoula depuis 1675 jusqu'en 1793.

Nous trouvons en tête de la liste et par rang d'ancienneté : *Girbes* et *Sancou*, qui furent prêtres communalistes et plus ou moins vicaires de la paroisse, le premier du moins; *Olivier*, qui était aussi communaliste; *Antoine Gilbert*, qui fut longtemps curé de la paroisse, comme il a été dit au chapitre VIIᵉ; *Antoine Basset*, également curé de Chaussenac, devait appartenir à des parents qui furent fermiers de chez Clary, du bourg, maison *Fantou Pau* (1). *Pierre Dabernat,* que nous avons vu traverser glorieusement la Révolution était aussi natif du bourg. *Lescure,* oncle du chanoine de ce nom, dont nous parlerons en son lieu, était curé de Larodde, dans le Puy-de-Dôme, avant la Révolution, qu'il traversa sans faiblir, et il vint mourir à Chaussenac au commencement du siècle. Dans la bibliothèque de son neveu le chanoine, il y a beaucoup de manuscrits du curé de Larodde. En remontant un peu plus haut, nous trouvons *Pierre Tronche* et *Antoine Lescure,* qui sont cités comme prêtres de Chaussenac ; le premier fut curé de Saint-Cirgues (Corrèze). — *Pierre Clavel,* vicaire de Rilhac (Corrèze), pouvait être né dans le bourg ; mais quoiqu'il fut originaire de la paroisse, nous ne savons pas au juste s'il était d'un village ou du bourg, à défaut de toute indication.

Le lecteur aura remarqué que le village de Contres ne figure pas dans la classification qui précède et il sera étonné que ce village n'ait aucun prêtre à son acquis pour le temps qui précéda la Révolution. Nos renseignements

---

(1) Nous ne pouvons pas garantir cette affirmation, car les indices sur lesquels elle repose sont incertains, et il y avait aussi des Basset à Cheyssiols et à Escladines ; mais nous croyons que ce prêtre était né dans la paroisse ; quand le curé Basset démissionna, il resta dans le bourg, chez sa nièce ou sa sœur, épouse Vigié.

allaient nous faire conclure, non pas qu'il n'y eut point de prêtre dans ce village avant 1793, mais que nous n'en avions découvert aucun. Ceux que nous avons reçu au moment même où nous allions parler de la sorte, nous permettent de nommer comme originaire de Contres, *Pierre Lachaze* qui, pendant la période révolutionnaire, se tint caché dans la maison ou la grange de la famille Pau d'Ostenac, dont il était parent. Sa nièce ou sa sœur, s'y était mariée depuis peu de temps. Après la Révolution, Pierre Lachaze fut curé de Saint-Georges dans le Puy-de-Dôme et y mourut en 1822. La famille Pau conserve précieusement la pierre sacrée dont ce prêtre se servait pour consacrer; la famille Lizet-Borderie d'Escladines garde son chauffe-pieds comme une relique.

Nous n'avons attribué à aucun village, *Pierre Charles* et *Jean Dubuisson*, qui, nés sur le territoire de Chaussenac, furent ou vicaires ou prêtres communalistes de cette paroisse. Rien n'a pu nous faire conjecturer le lieu de leur naissance.

Nous voilà donc avec 25 prêtres de Chaussenac entre les années 1675 et 1793, sans compter les inconnus.

II. — Prêtres de Chaussenac après la Révolution

1° *Les morts.* — Nous les placerons par rang

d'ancienneté. A ce titre nous trouvons en tête de la liste : *Jean-Joseph Lescure*, né au bourg, en 1799.

Il quitta le diocèse de Saint-Flour au moment même où passaient dans celui de Moulins, les Violle de Vebret, Meynial de Salins, Chambon du Vaulmier.

Il les rejoignit s'il ne les précéda pas dans ce diocèse, après avoir essayé du ministère des missions.

Jean-Joseph Lescure fut chanoine de la cathédrale de Moulins et secrétaire général de l'évêché.

M. Violle, lui, exerça longtemps les fonctions de curé de la cathédrale et M. Chambon celles de curé de Souvigny, où il était, par le fait même, gardien des tombeaux des ducs de Bourbon. Alexandre Dumas père, les visitant, fut reçu par M. Chambon dont l'hospitalité intelligente, cordiale et généreuse lui valut de la part du célèbre romancier, une page remarquable, toute à son honneur. M. Meynial fut chanoine de Moulins comme M. Lescure.

Celui-ci rentra dans sa famille en 1856. On sait que les débuts de Mgr de Dreux-Brézé dans le diocèse de Moulins ne furent pas sans difficultés. Notre compatriote n'était pas, paraît il, l'un de ces prêtres qui accueillirent le mieux les réformes introduites dans l'administration par le nouvel évêque. De là sa démission et son retour dans sa famille.

M. Lescure vécu' cinq ans à Chaussenac dans la retraite. Il ne parait pas qu'il y ait donné suite aux goûts littéraires qu'il avait précédemment montrés, soit dans le journalisme local, à Moulins, soit par la composition de petites pièces de poésie, telles que le *Sabbat du Moulin de Laval*, la *Foire de Pleaux*, etc., etc , et d'autres en vers patois.

Le *Sabbat du Moulin de Laval* que nous avons retrouvé, ne renferme pas mal de qualités littéraires.

Pour donner au lecteur une idée du genre de composition de M. le chanoine Lescure, nous transcrirons ce morceau intégralement à la fin du volume, en supplément. On dit que la *Foire de Pleaux* est supérieure au *Sabbat* et renferme de remarquables beautés de style; nos recherches pour la découvrir sont restées infructueuses.

Le chanoine Lescure maniait assez bien aussi les vers patois, paraît il ; la seule pièce que nous avons retrouvée est faible et il n'y a guère que le fragment suivant qui mérite d'être cité.

Il est tiré d'un récit de voyage de Pleaux à Saint-Gérons par le chanoine et une famille amie.

On est arrivé le mercredi au soir chez M. Chanut, alors curé de cette paroisse :

. . . .

Lou lendèmo ditjos, per fa la regalado,
La taoulo tjous les teils èro bè plo plaçado.
Jouzet del Semenari abio tuat deis jalous,
Uno poulo, un canard, mès noun pas dei soumous.
Tout lou moundé sat bè qu'habitoun la ribieiro
E que n'es pas aisat de passa lo croupieiro
A de tals estafiés, car aquel bestialou
Craigno belcop lou feu, sui tout lou cour bouillou.
Hé ! n'abion pas bésoun, car abion bouno chèro
E per ma fè, sabès, menaion pas misèro !
Quon aguen plo remplit e l'ouié e lou papat,
Bien farcit lou pountarri e rouinat lou curat,
Lou dibendré mati noui benguet per pensado
De fa jusqu'à Laroquo un paou de premenado.
Aquelo ginta bilo ès un petioun Paris
Et se pot appela la bilo deis toupis. . . . . . .

Je laisse la suite qui n'est pas d'un goût des plus flatteurs pour Laroquebrou, qui s'en est bien entendu dire d'autres sans en souffrir grand dommage.

Ces œuvres poétiques du bon chanoine étaient pour lui un utile passe-temps et le reposaient d'occupations bien autrement importantes. — Il joignait encore à son talent de poète celui de prestidigitateur qui était, pour lui comme pour ses amis, encore une excellente manière de se récréer.— Il nous racontait lui-même avec plaisir une soirée qu'il donna un jour au presbytère de Souvigny, chez M. Chambon, et qui eut des suites assez comiques.

Il s'y livra à une telle débauche de tours plus

étranges les uns que les autres, que le lendemain il faillit ne pas pouvoir dire la messe faute
de clerc. Le sacristain de Souvigny qui devait
l'assister, et qui était à la séance de la veille,
refusa formellement de lui servir de clerc, sous
prétexte qu'un homme qui était capable de tel'es
diableries devait être sous l'empire d'une
influence démoniaque. On eut beaucoup de
peine à le convaincre de son erreur.

Le chanoine Lescure appartenait à une
famille très-honorable du bourg de Chaussenac
et qui prétendait se rattacher aux Lescure de
la Vendée, sans qu'il soit possible d'en fournir
la preuve. Deux de ses frères étaient médecins,
deux avocats, un négociant à Marseille et un
autre mourut à la Martinique où il était colon.
Ses deux sœurs furent religieuses et il eut un
autre frère prêtre qui, étant vicaire d'Arnac,
mourut subitement avant d'arriver dans ce
bourg, un jour qu'il revenait de visiter sa
famille. Se sentant indisposé il s'était arrêté à
la *Maison-Rouge* qui est de Cros-de-Monvert, et
c'est là qu'il rendit le dernier soupir. La femme
qui l'avait recueilli mourut elle-même le lendemain des suites de l'impression que lui avait
produite une mort si soudaine. Le chanoine Lescure fit don en mourant de ses ornements
sacrés, calice, linge d'autel à l'église de Chaussenac ; le tout fut estimé 147 francs. Son décès
arriva en avril 1861.

Jean-Baptiste Pau, le plus ancien prêtre de Chaussenac, après Jean-Joseph Lescure, parmi ceux qui sont nés depuis la Révolution, est celui de tous nos compatriotes qui a joué le plus important rôle.

Né à Ostenac en 1805, d'une famille patriarcale, profondément chrétienne, ce prêtre commença ses études sous un maitre particulier, avec son frère ainé, Pierre Pau. Ils s'en allèrent ensemble les continuer au collège de Mauriac, mais l'ainé s'arrêta avant d'aborder la troisième, Jean-Baptiste continua et vit les plus beaux succès récompenser son assiduité au travail.

Puis quand vint l'heure où la voix d'En-Haut parla à son cœur de jeune homme, à l'âge de dix-sept ans, il fut heureux et fier de s'enroler dans la milice du Seigneur.

A vingt-un ans, il finissait son noviciat ecclésiastique à Saint-Flour et venait débuter dans la carrière sacerdotale au petit-séminaire de Pleaux, fondé naguère par M. Mailhes. Il y entra comme professeur de troisième.

C'était en 1826. L'année suivante, la chaire de philosophie étant créée, M. Pau en devint titulaire et il le fut pendant 29 ans, jusqu'au jour où il quitta le Petit-Séminaire, en 1856.

Lorsqu'en 1838, il succéda à M. Pomarat comme supérieur de l'établissement, il cumula la double charge de maitre enseignant et de

directeur; il y ajouta même un cours supplé-
mentaire de mathématiques.

Ayant reçu une institution encore faible,
incertaine même, en tout cas précaire, il l'af-
fermit solidement sur les bases d'une forte
discipline et d'une sage administration, qui
en fit en peu de temps un établissement modèle
et lui prépara cette expansion, cette popularité,
cette bonne renommée qu'elle acquit sous ses
successeurs et qui dure encore.

En 1856, la cure de Pleaux étant sans titulaire
par la mort de M. Muratet, M. Pau fut désigné
à la fois par l'administration diocésaine et par
l'opinion publique pour lui succéder.

Le nouveau théâtre où il allait exercer son
zèle mit en lumière des qualités dont il n'avait
pas eu l'occasion de manifester en lui l'existence au même degré

Autre est la manière de diriger un établissement d'éducation et autre celle qui convient au
gouvernement d'une paroisse. Mais les qualités
maîtresses du supérieur faisaient présager celle
du curé.

Exquise politesse et parfaite courtoisie envers tout le monde, sans distinction de rang et
de condition, amitié cordiale pour ses vicaires
et rapports affectueux avec les prêtres de son
doyenné, lumière et sagesse dans les conseils,
sollicitude pour les intérêts spirituels de la
population confiée à ses soins, générosité à

l'égard des pauvres, dévoûment pour le couvent de Saint Joseph dont il avait la direction, pour l'école du Sacré-Cœur qu'il avait fondée, pour les Sœurs garde malades qu'il avait établies, pour son église qu'il fit transformer quelque temps avant de mourir, en réparant l'intérieur qui s'en allait en ruine. Voilà bien, en peu de mots, le tableau des œuvres accomplies à Pleaux par M. Pau.

La gerbe du curé de Pleaux, certes, était belle et d'autant plus glorieuse que, dans la nature de l'homme, du prêtre qui l'avait ainsi amassée durant 62 années de travaux dans les mêmes lieux, il n'y avait point toute la spontanéité qu'aurait semblé dénoter son intelligence.

Nous l'avions entendu faire l'aveu que le travail lui coûtait et que ce n'était pas sans efforts qu'il remplissait sa tâche; sa santé même, qui l'a pourtant conduit jusqu'à l'âge de 83 ans, était délicate et n'était point faite pour le favoriser.

Contre un tel homme, qui pouvait espérer une récompense digne de ses bienfaits, on fut injuste un jour; une dénonciation calomnieuse, absolument malveillante, fit supprimer le traitement de ce vieillard inoffensif. On s'indigna, on protesta, le gouvernement, mieux informé, lui rendit justice. Cette épreuve n'avait servi qu'à faire éclater les marques de sympathie qui lui vinrent de toutes parts, de ses amis, de ses anciens élèves, de ses paroissiens.

Dieu se montra plus généreux à son égard, en lui accordant une verte vieillesse et, nous devons le croire, la récompense au ciel de ses œuvres de dévoûment et de charité.

Ce sont les saintes vies qui font les saintes morts. Telle fut celle de M. Pau qui arriva le 15 mars 1888. — Ayant été son vicaire, après avoir été son élève, et étant resté son ami jusqu'à la fin ; né dans la même paroisse et appartenant l'un et l'autre à des familles qui se considéraient comme alliées, je suis heureux de pouvoir lui donner ici toutes les marques de mon respect, de mon admiration, de ma profonde reconnaissance.

Eugène Lescure, né à Cheyssiols, était membre d'une famille dont nous avons eu l'occasion de parler déjà plusieurs fois. Il termina assez tard ses études, qu'il avait interrompues quelque temps, et quoiqu'il fut né en 1819, il ne fut promu au sacerdoce qu'en 1849, âgé de 30 ans. — Nommé vicaire à Jaleyrac, il n'y resta que quelques mois ; transféré à Cros-de-Montvert, il passa peu de temps après à la vicairie d'Arnac. En 1868 il devint curé de St-Antoine, près Marcolès et, quelques années plus tard, il fut transféré à Chambres, plus près de sa famille et de ses vieux parents. Il ne quitta cette paroisse que vaincu par la maladie, à l'âge de 66 ans seulement. Il mourut à Cheyssiols la même année, en juin 1885. — Ce prêtre, notre parent, n'eut pas une notoriété comparable à celle de celui dont nous avons dû esquisser plus longuement la vie tout à l'heure, mais il eut toujours la réputation d'un homme judicieux, d'un bon prêtre tout entier à son devoir et tenant bien les paroisses confiées à sa direction. La fourmi qui trace modestement son petit sillon sous le gazon vert, ne fait pas moins l'œuvre de la Providence que toute créature appelée à un rôle plus éclatant, à une fin plus sublime.

En 1849, l'année même où l'abbé Eugène Lessure était élevé aux honneurs du sacerdoce, mourait à Chaussenac un jeune clerc minoré au sujet duquel M. Carrière, alors Supérieur de Saint-Sulpice, écrivait à M. Chavignier, curé de Chaussenac : « C'est une perte pour le clergé et pour notre Séminaire ». C'était Théodore Lachaze, fils aîné de l'instituteur communal de ce temps-là et frère de M. Lachaze, docteur-médecin. On le considérait comme un saint à cause de sa modestie, de sa douceur et de sa piété. Il était le fils d'une si excellente chrétienne !

Vingt ans après, un jeune sous-diacre d'Ostenac, Pierre Lescure, partait pour Haïti et mourait peu de temps après, dans cette ile inhospitalière. Ces deux lévites que la mort faucha trop tôt sur la voie du sacerdoce méritaient que nous les rangions à côté de ceux qui, plus heureux, ont été marqués du sceau divin pour le temps et l'éternité.

III. — Prêtres de Chaussenac
encore vivants

Nous sommes six et M. l'abbé *Adrien Lescure* est notre aîné. Prêtre de l'année 1851, il a ses 72 ans révolus et une santé à toute épreuve qui lui permet de remplir les fonctions de vicaire de Chaussenac comme un jeune homme, après avoir été successivement vicaire des deux Saint-Martin et curé de Jaleyrac et de Loupiac.

Camille Lizet, né à Escladines en 1844, remp'it, auprès de Mgr Pagis, une haute mission, avec autant de distinction que de modestie. Avant qu'il eût été choisi pour être le compagnon et l'aide fidèle de notre épiscopal compatriote, M. Lizet avait occupé, dans le diocèse de Saint-Flour, les vicairies de Riom-ès-Montages et de Saint Géraud d'Aurillac. Son nom comme sa destinée est désormais inséparable du nom et de la destinée de Mgr Pagis.

Son neveu, M. *Casimir Borderie*, né aussi à Escladines, a parcouru, en peu d'années, une honorable carrière : Champagnac, Massiac, Pleaux, Mauriac le comptent au nombre de leurs vicaires et il a pour lui l'avenir.

M. l'abbé *Pierre Berche*, le Benjamin de la famille sacerdotale de Chaussenac, est né au bourg et débute presque dans la carrière dotale, puisqu'il n'est prêtre que depuis trois ans. Chalvignac est sa première étape ; et, comme pour M Borderie, l'avenir s'ouvre devant lui avec ses espérances.

La paroisse de Chaussenac compte parmi ses enfants un Religieux : le R. P. *Périer Louis,* Rédemptoriste; il est entré dans la voie où Dieu l'appelait, à plus de quarante ans d'âge, après avoir été vicaire à Salers, aumônier du Carmel d'Aurillac et vicaire à Mauriac.

En vertu de la règle, qui veut que celui qui parle se nomme le dernier, j'ai perdu mon rang, moi qui me fais honneur d'être du nombre des prêtres nés à Chaussenac. Je suis le second de la famille, avec 13 ans d'âge de moins que M. Lescure et six de plus que M. Lizet. — Donc aux registres de l'église de Chaussenac on lit : l'an 1838 et le 2 avril, a été baptisé *Joseph-Célestin-Adolphe Basset,* né à Contres.

Après trois ans de collège à Mauriac, celui dont il est fait mention dans cet acte de baptême, fut rejoindre à Pleaux, librement et volontairement, ses onze compatriotes qui étaient au Petit - Séminaire. Prêtre en 1862, il fit petitement son chemin : deux ans vicaire à Loupiac, six ans à Saint-Christophe et dix ans à Pleaux, puis neuf ans de cure à Barriac, et c'est tout.

Maintenant, vaincu par les infirmités précoces, il attend, les bras croisés, que l'éternité s'ouvre et qu'on lui dise : entrez !

Les chroniqueurs de l'avenir pourront à leur aise baser sur ces renseignements ce qu'ils auront à dire de nous. Pour ce qui me regarde, je leur donne carte blanche.

Vingt-cinq prêtres nés à Chaussenac depuis 1675 jusqu'en 1793. Onze prêtres ou lévites, dont cinq de morts et six de vivants, depuis 1793 jusqu'à nos jours, tel est le bilan de Chaussenac relativement aux vocations sacerdotales, sans y comprendre les avortées et les inconnues.

En tout 36. C'est un beau chiffre, surtout quand on songe au nombre considérable, croyons-nous, des prêtres dont les noms nous ont échappé.

CHAPITRE IX

Qui est la suite du précédent et peut servir de conclusion à cette notice historique

---

Comme on l'a vu dans le précédent chapitre, Chaussenac compte un nombre fort respectable de prêtres nés sur son territoire depuis près de trois siècles.

Le lecteur aura remarqué que, sur ce nombre, sont compris seulement trois ou quatre religieux.... Serait-ce parce que, au temps où la France entière était couverte de maisons religieuses, à une époque où, plus qu'aujourd'hui, les hommes sentaient le besoin de méditer profondément les choses de Dieu, de lui offrir des expiations inaccoutumées, Chaussenac ne fournissait pas son contingent à la phalange monastique. Oh! si les vieux murs en ruines des monastères de jadis pouvaient nommer ceux qui vécurent à l'abri de ces remparts salutaires, que de preuves nous aurions que la vie monastique, c'est-à-dire la vie chrétienne la plus élevée dans sa forme et la plus sévère dans ses pratiques, fut en honneur parmi nos aïeux! Nous manquons seulement des documents nécessaires pour établir cette incontestable vérité et c'est une perte irréparable.

Chaussenac n'a pas four i que des prêtres au ministère paroissial et des religieux à la vie contemplative du cloitre, ou à la vie active des missions et de l'enseignement ; cette paroisse peut se flatter aussi du nombre de ses religieuses auxquelles nous voulons consacrer une partie du présent chapitre.

Nous ne mentionnerons pas de nouveau les membres de la maison de Douhet de Cussac, dont nous avons parlé lorsque nous avons établi la généalogie de cette famille qui posséda, près de trois siècles durant, la terre et le château de ce nom. Nous ferons remarquer seulement que le petit nombre de religieuses, issues des de Douhet, dont nous avons rencontré les noms dans des documents relatifs au couvent de Brageac, ne furent certainement pas les seules de leur famille qui se vouèrent au service de Dieu dans ce monastère célèbre ou dans d'autres maisons religieuses. Dans trois siècles, cette maison a dû donner un plus grand nombre de sujets au cloitre.

Nous ajouterons, pour le temps qui précéda la Révolution, deux demoiselles Périer, d'Ostenac, et leur tante, qui avait nom Lescure ; ces trois religieuses que la Révolution chassa de l'abbaye royale de Brageac, vécurent longtemps encore à Ostenac, où elles se livrèrent aux

œuvres de charité et à l'instruction des jeunes
filles de la contrée, qui affluèrent à leur école.
On y venait même de Pleaux et nous avons
connu un grand nombre de femmes, de la paroisse de Chaussenac ou d'autres lieux, qui ne
fréquentèrent point d'autre école.

Depuis la Révolution, Chaussenac a fourni
onze sujets aux communautés religieuses de
femmes.

Nous les nommerons par rang d'ancienneté
et mettrons en tête, pour ce motif : *Mélanie Pau*,
d'Ostenac, sœur de M. Pau, supérieur du Petit-
Séminaire de Pleaux. Elle entra au couvent de
Saint-Joseph de cette ville, fondé en 1816, et
fonda elle-même un couvent du même ordre
à Menet, où elle mourut il y a quelque trente
ans.

En 1845, une sainte fille sortie du couvent de
Saint-Dominique de Mauriac, au moment où
on y établit des religieuses de Notre-Dame,
vivait modestement à Contres, retirée dans sa
famille. C'était sœur *Marie Ginesle*, converse,
qui passa ses dernières années dans l'accomplissement d'œuvres de charité et de piété et
mourut saintement vers 1850. Nous l'avons
connue et admirée.

Du même village partit pour les sœurs de la
Charité de Nevers, en 1843, *Pauline Laden*, qui
est morte en 1896 à l'hôpital général de Nimes,
après 52 ans de profession religieuse.

La paroisse de Chaussenac a donné aux sœurs de Saint-Vincent cinq religieuses : deux demoiselles Lescure, du bourg, sœurs du chanoine du même nom; l'une d'elles est morte il n'y a pas longtemps encore, à Alexandrie d'Egypte; l'autre était morte avant, à Moulins; trois demoiselles Pau, nièces de sœur Mélanie, dont deux sont mortes jeunes encore en Amérique et l'autre remplit une mission de charité à Amiens. — Dieu bénit les familles nombreuses.

Deux demoiselles Lescure de Cheyssiols, filles du docteur-médecin Lescure qui, vivant, résidait à Ally, sont religieuses, l'une au couvent de Notre-Dame de Mauriac, et l'autre au couvent de Saint-Joseph de Saint-Flour; enfin une demoiselle Lescure de Vidal est au couvent de Notre Dame de la même ville. Nous attendons encore la suite. A qui donc le tour maintenant ?

Avant 1793, le Tiers-Ordre de Saint-François, établi à Chaussenac de temps immémorial, y était très prospère. Les membres s'y comptaient, dit-on, par centaines, et il y avait des hommes autant que de femmes.

Nous avons découvert, à la sacristie, un registre datant de 1815, dans lequel nous avons trouvé, à la première page, le nom d'Antoinette Périer, épouse Lescure, d'Ostenac, reçue le 16 mars, par M. Veyssier, curé de la paroisse.

L'année suivante M. Armand, son successeur,

fit nommer la même personne supérieure de la congrégation à la pluralité des voix. L'association était donc déjà prospère. Le même jour, Jeanne Bourlange fut désignée comme maîtresse des novices.

Pendant son séjour à Chaussenac, M. Armand procéda à vingt sept réceptions et M. Gamet qui lui succéda y ajouta cinq nouveaux membres et M. Chavinier fit également cinq réceptions dans l'espace de quinze ans avant 1852.

Je me demandais comment et en quel temps, depuis 1793, cette congrégation avait été rétablie à Chaussenac, lorsque j'en trouvai la réorganisation authentique opérée en 1852, le 3 novembre, par Monseigneur Lyonnet, évêque de Saint-Flour, à la prière de M Chavinier, et approuvée par le Père Venance de Turin, ministre général de l'ordre des Frères Mineurs Capucins.

M. Chavinier, qui n'avait, sans doute, découvert aucun titre l'autorisant à avoir une congrégation du Tiers-Ordre de Saint-François et pensant, peut-être avec raison, que ses prédécesseurs ne s'étaient pas mis en règle sur ce point et s'étaient contentés de suivre la tradition ancienne, voulut lui-même se munir de tous les pouvoirs nécessaires et il fit bien.

Mais comme si cette mesure eût été un coup fatal pour la Congrégation franciscaine, on ne trouve plus aucun acte de réception depuis le 7 novembre 1854.

Je ne m'attacherai pas à faire ici une thèse sur l'utilité des tiers-ordres. Je ferai remarquer uniquement que, avant 1793, hommes et femmes en faisaient partie, tandis que depuis la Révolution on n'y admettait que des femmes parce que les hommes, sans doute, ne se présentaient pas pour y être agrégés. Avant 1793, les tertiaires portaient un costume spécial et beaucoup de mes contemporains doivent se souvenir encore du *Tiers*, de Cussac et de plusieurs *Tierces* qui dataient d'avant la période révolutionnaire.

Dès qu'on a la faculté, maintenant de ne porter aucune marque extérieure d'association, rien ne s'opposerait au rétablissement des tertiaires de Saint-François, rétablissement fort souhaitable.

C'est pour la paroisse de Chaussenac une page glorieuse que nous venons d'écrire et nous croyons fermement qu'elle aura sa suite.

On s'accorde à dire généralement que les paroisses qui donnent le plus de vocations religieuses ou sacerdotales, sont celles qui sont le plus fermement attachées à leur foi et aux pratiques chrétiennes. Là où les sentiments religieux sont presque nuls, — il n'y a pas de paroisse de cette sorte dans le Cantal — les vocations brillent par leur absence ; là où la foi est faible, elles sont rares ; elles sont nombreuses dans les paroisses bien conservées et surabondent dans celles qui se distinguent par un esprit de foi exceptionnel.

C'est facile à comprendre; c'est rationnel et le contraire ne saurait l'être.

Dieu se sert de mille et un moyens pour attirer à lui les âmes et se donner des auxiliaires de son œuvre rédemptrice qui dure encore et ne finira qu'à la fin des temps. Quelquefois c'est un saisissement irrésistible de la grâce qui entraine irrévocablement celui qui en est l'objet, dérangeant ainsi des calculs tout faits et détruisant par ce coup des espérances qui semblaient légitimes; tantôt c'est un vœu exprimé par une pieuse mère qui, sans influencer la volonté de son enfant, est une voix du ciel paraissant venir de la terre; tantôt c'est un bon exemple qui inspire à un jeune homme des sentiments de lui inconnus jusqu'alors et détermine un changement de front dans la direction d'une vie humaine....

Toutefois, nous croyons que, le plus souvent, si le jeune homme, la jeune fille en âge de choisir leur voie, ne vivent pas dans un milieu chrétien, ces moyens, s'ils sont mis en œuvre, n'obtiennent pas la fin que l'on pouvait en attendre. Car, c'est d'ordinaire d'après le milieu même où vit celui que Dieu veut choisir, que s'opèrent l'éclosion, la conservation ou la perte d'une vocation sacerdotale ou religieuse.

Comment, sans cela, pourraient se produire ces prodiges de la grâce qui préparent et parfont une vocation? Comment se transformeraient en héros de la vertu, des cœurs qui, autour d'eux, n'entendraient que des discours qui amollissent la volonté, refroidissent tout élan pour les choses de la foi ? Comment pourraient-ils s'élever jusqu'à l'énergie nécessaire pour vaincre les entraînements de la nature, si la piété, au lieu d'être en honneur autour d'eux, était négligée, méprisée, vilipendée ? Comment atteindraient-ils les hauteurs de la vie sacerdotale et religieuse, des jeunes gens qu'on n'aurait entretenus que d'espérances matérielles, d'avenir terrestre, de fortune, de bien-être, d'aspirations temporelles, au préjudice de celles qui élèvent le cœur au-dessus du terre-à-terre d'une vie sensuelle ?

Dans un tel milieu, une vocation naissante, si elle était possible, serait comme une plante apportée des tropiques sous un ciel glacial. Elle ne pourrait y éclore que par un miracle et il serait presque impossible qu'elle ne succombât pas au contact de tels éléments, d'éléments si contraires à son développement, et dans une atmosphère propre à vicier son principe même ou à mettre obstacle à son développement.

'Tous les obstacles à une vocation divine ne sont pas dans l'absence de l'esprit de foi, sans doute, les calculs de la sagesse humaine s'alliant même avec les sentiments religieux, y peuvent avoir une large part ; mais il est et sera toujours vrai de dire que nulle vocation n'est assurée dans un milieu d'où l'esprit de foi est absent,

Honneur donc aux paroisses qui comptent un nombre respectable de vocations ! C'est un signe de vitalité chrétienne, une marque de fidélité aux traditionnels usages de piété, légués par les aïeux ! Honneur aux familles qui purent s'attribuer le mérite d'avoir mis au service de l'Eglise un ou plusieurs de leurs membres ; non seulement elles auront une large part aux œuvres qui en seront le fruit, mais Dieu aura aussi pour ces familles, comme pour ces paroisses, des bénédictions particulières ! Non pas toujours selon le jugement des hommes qui considèrent le bien et le mal d'après une règle qui n'est pas celle de la foi ; mais toujours dans les desseins de la Providence qui ne laisse aucun sacrifice sans récompense, en supposant même que le bienfait d'une vocation ne soit pas lui-même un premier avantage digne d'être recherché.

Honneur, alors, à la paroisse de Chaussenac ! — Lorsqu'en 1853, je vins du collège de Mauriac au Petit-Séminaire de Pleaux, ils étaient dix élèves de notre paroisse dans cet établissement qui se recommanda de tout temps à la confiance des familles et qui n'a fait que la mériter de plus en plus avec les années. J'étais le onzième et le douzième ne tarda pas à venir ; il est vrai que déjà trois des premiers n'y étaient plus. Nous restâmes neuf longtemps et je ne sais combien d'autres vinrent après nous.

J'ai présents à la mémoire les noms de tous ces camarades dont je pourrais dire les qua'ités physiques, intellectuelles et morales. Je ne veux donner que leurs noms, en ayant soin d'écrire en lettres italiques, ceux de ces amis d'autrefois qui sont morts, afin que le lecteur puisse penser en les prononçant à la rapidité des vies humaines. Les voici classés par villages : *Félix Papon, Emile Papon*, Frédéric Papon, trois frères qui s'aimaient et Camille Lizet, leur parent et d'Escladines comme eux ; Louis Lescure, *Théodore Laden*, Antoine Vigier, du bourg ; *Pierre Lescure*, d'Ostenac ; Eugène La-chaze, *Sébastien Lachaze* et Antoine Mollat, de Cussac ; et enfin, celui qui écrit ici ces vieux souvenirs.

Sur ce nombre de jeunes gens à peu près de même âge, trois devinrent prêtres et les autres suivirent des voies diverses, chacun suivant sa destinée ; cinq sont morts. Emile Papon serait devenu prêtre, si Dieu ne l'avait pas pris pour le ciel, jeune encore.

Depuis ce temps-là, d'autres ont remplacé ces anciens et il y a eu d'autres prêtres parmi ces nouveaux et il y en a eu que Dieu a laissés aller dans d'autres directions, parce que Dieu ne prend pas tout le monde, mais ceux-ci plutôt que ceux-là. suivant ses desseins secrets Pourtant à tous Dieu donne les moyens de suivre chrétiennement la voie qui a été ouverte devant eux.

Ce qui a été sera encore, nous en avons la ferme espérance; parce que le drapeau de la foi est haut levé sur la paroisse de Chaussenac, où abondent les familles religieuses et les âmes de bonne volonté.

Je ne le crois pas, mais si je flatte mon pays, si j'exagère ses mérites, qu'on me le pardonne; il n'est pas encore d'usage de dire du mal de sa paroisse !

SUPPLÉMENT

Le Sabbat du Moulin de Laval — Légendes et vieux récits

Nous avons fait la promesse de mettre sous les yeux du lecteur, le *Sabbat du Moulin de Laval*, par le chanoine Lescure ; nous savons que promesse oblige et nous nous empressons d'exécuter la nôtre.

Cette poésie appartient à l'histoire de Chaussenac par son auteur ; elle est, par son mérite, digne d'être sauvée de l'oubli ; nous croyons qu'on nous saura gré de lui avoir rendu ce service ; ce n'est pas une œuvre que nous puissions comparer au fameux *Lutrin* de Boileau, dont le *Sabbat* n'est qu'une imitation lointaine ; mais si elle est inférieure à celle du Maître qui a écrit l'*Art poétique* avec la perfection qui caractérise presque toutes ses compositions, nous croyons que tous nos lecteurs auront du plaisir à la lire et que les *dilettanti* de la belle littérature y trouveront peut-être de réelles beautés d'invention et des qualités de style dignes d'admiration.

Voici donc cette pièce.

Le Sabbat du Moulin de Laval
(Poème héroï-comique)

—

CHANT Ier

Ce soir, près d'un bon feu, tout seul et sans ouvrage,
Après un bref repas composé de laitage,
Déposant ma ceinture et tirant mon rabat,
J'ai dit : Partez, mes vers et faites un sabbat !
Un sabbat de sorciers, mais non sabbat de moines.
Je n'oserais parler d'un sabbat de chanoines !
Mon récit n'est pas conte arrangé à plaisir
Par un prêtre auvergnat ayant trop de loisir.
Le fait est très certain, véridique est l'histoire
D'héroïques combats dont j'ai gardé mémoire
Que l'on livra jadis au moulin de Laval (*)
Contre les noirs sorciers d'un sabbat infernal.
Je vous cite l'endroit et ce n'est pas mensonge ;
Suis-je donc un craqueur venu de la Saintonge ?...
Si vous doutez encore, me suivez au moulin,
Vous verrez le sabbat, vous verrez ce lutin,
Qui, parmi mes sorciers, le plus fin de la troupe,
Quand il saisit quelqu'un le fait monter en croupe
Sur son vieux cheval gris qui va comme le vent,
Dévore comme un ogre et n'a pas une dent.
Chaque jour, du moulin, au faubourg de Goutelle,
Quelque passant portait cette horrible nouvelle :
On avait vu le diable, on l'avait entendu,
Disait-il, inquiet, l'œil hagard, éperdu !
Dans la ville, bientôt, on sut toute l'affaire
Qu'exagérait un peu la rumeur populaire....
On résolut, enfin, de frapper un grand coup.
Attaquer les sorciers c'était risquer beaucoup !

_____

(*) Laval, hameau voisin de Pleaux. — Le moulin en est peu éloigné.

Il fallait cependant forcer dans leur tannière,
Ces esprits turbulents et d'humeur tracassière.
Chasser sans coup férir ces immondes démons
Qui des mortels osaient envahir les maisons.
Hippolyte (1) — un héros ! — s'étant mis à la tête,
Du bataillon formé pour si noble conquête,
On le vit s'avancer avec un goupillon
Et donner, en marchant, la bénédiction.
Lui servait de second un vrai lion : *Lescure* (2).
De ce nom vendéen bien digne, je le jure !
Le silence régnait en allant au combat,
Crainte de réveiller les sorciers du Sabbat
Qu'il fallait prendre au gîte et d'eux faire main-basse
Pour, d'un coup de filet, terminer cette chasse.
Le bruit d'un tel exploit ayant couru dans Pleaux,
L'on vit nombre de gens oubliant leurs travaux,
Gens de Pleaux, d'Empradel et même ceux de Leige,
Accourir au moulin témoin du sortilège.
Dont se sentaient émus dans tous les environs,
Les hommes courageux autant que les poltrons.
On marchait en bon ordre en descendant la côte
Et plus d'un, cependant, tremblait dans sa culotte.
Hippolyte lui-même, un des plus courageux,
Ne s'étonnait pas trop en se sentant peureux.
Lescure l'encourage et l'on touche à la porte
Du refuge où se tient l'infernale cohorte.
Or, grande est la surprise et grand l'étonnement,
On écoute : mais rien ! Nul bruit en ce moment !
Chacun se fait l'aveu d'une profonde crainte
Et l'on aimerait mieux être loin de l'enceinte
Où règne ce silence inattendu, trompeur...
Et de nouveau chacun grelotte, pris de peur !

---

(1) *Hippolyte*, l'abbé Lacroix, qui fut économe du Petit-Séminai.e.
(2) *Lescure*, le chanoine auteur du *Sabbat*.

Le courage renaît, on gagne la cuisine
Où l'on voit un démon de fort mauvaise mine
Qui s'écrie, en grognant, de sa plus grosse voix :
Qui vient nous tourmenter ? c'est vous abbé Lacroix ?
Retirez-vous d'ici ; allons ! prenez la porte,
Retournez à Laval, sinon je vous emporte !
A ces mots, notre abbé, pénétré de terreur,
Cherche encor, mais en vain, un reste de valeur !...
Se reprenant, enfin, le tremblant Hippolyte
Asperge le moulin par trois fois d'eau bénite.
La foule tout entière y pénètre soudain,
Bien prête à le purger de tout esprit malin.
Elle veut en finir avec ce sortilège,
Disperser à jamais le sabbat sacrilège.
Un bonhomme de Pleaux, en bonnet de coton,
S'avance en se donnant des grands airs de Caton,
Veut chasser les sorciers d'un morceau d'une image
Capable, assure-t-il, d'arrêter un orage.
Il le crut un moment : hélas ! ce fut à tort !
On le vit terrassé par un esprit plus fort.
Les démons assemblés poussent un cri de rage,
La foule s'épouvante et manquant de courage,
Elle recule et va, par un lâche abandon,
Laisser tous ces lutins maîtres de la maison.
Les chefs tiennent conseil ; faudra-t-il lâcher prise,
Renoncer à l'assaut après cette surprise ?...
Non, non, sus aux sorciers !.... Sus à tous ces mâtins !....
Il faut qu'ils soient punis !... Mort à tous les lutins !
Par un élan nouveau la troupe ranimée,
Pousse de fiers hourras !... telle une vieille armée
Jurant devant l'autel la mort de l'ennemi,
S'il ne demande grâce et se rend à merci.
On cerne le moulin, encore on y pénètre,
Les petits par les trous, les grands par la fenêtre,
Les démons, cette fois, n'ont qu'à se bien tenir,
S'ils ne veulent sitôt de ces lieux déguerpir.

Une femme de Pleaux, bavarde, échevelée,
Eut la langue coupée au sein de la mêlée.
Mais le galant *Senaud* (1) un si cruel larcin
Veut venger !... ô malheur !... Il y perd son latin.
Épuisé de fatigue et forcé de se taire,
Il jette à ces démons sa dernière grammaire.
Quand il vient d'échapper aux griffes d'un lutin,
Un autre l'a frappé à trois pas du moulin.
Près de ces sombres lieux, sur un noir cénotaphe,
Le voyageur, demain, lira cette épitaphe :
« Ci-gît dans le cercueil, le docteur grammairien,
« Méprisé du Cantal comme un homme de rien.
« Méconnu du beau sexe, il vécut solitaire.
« Il lègue à Dieu son âme, au pays sa grammaire.
« Passant donne une larme au talent infini
« Que la mort vient de mettre au passé défini ! »
O prodige étonnant ! notre mort ressuscite !
Hippolyte, pleurant, l'asperge d'eau bénite.
Il marche à ses côtés contre tous les démons
Sur lesquels il répand des malédictions.
Il se bat en lion ! Il porte une blessure
Glorieuse à son bras.... Et le brave Lescure,
S'animant au combat, volant à son secours,
De sa main vigoureuse, en trois ou quatre tours,
Vous met tout en déroute et sorciers et sorcières
Et les refoule tous au fond de leurs tanières.
Le silence se fait et l'on voit le combat
Cesser.... Mais les lutins reviennent, l'on se bat
Que c'est horrible à voir !.... Dans ce grand pêle-mêle,
On déplore aux deux camps quelque perte cruelle.
Mais on voit accourir, prendre part au combat,
Les femmes, les enfants, les hommes du Bournat.
On remarque entre tous l'escadron des *Menettes*,
Marchant à pas pressés, agitant des sonnettes,

(1) Le *docteur Senaud* était auteur d'une grammaire latine de Lhomond qu'il avait parodiée.

Récitant en chemin, toutes, l'*Ave Maria*,
Chantant pour varier l'antienne *Alleluia*.
Le chef du bataillon, la sainte supérieure,
Fit passer aux démons un fort mauvais quart d'heure ;
Sans nul autre moyen que son lourd chapelet,
Elle en prit trente-deux comme un coup de filet.
C'est ainsi que finit cette horrible bataille,
Se terminant, soudain, tout comme un feu de paille !

CHANT II

Après cette victoire, on songe à gagner Pleaux
Et l'on pense avoir vu la fin de tous les maux.
Mais grande fut l'erreur, car notre diablerie,
Désertant le moulin — nouvelle drôlerie —
Dans l'étable, à Laval, s'établit sans façon
Et recommence là sa danse de démon.
Qui pourrait raconter cette guerre nouvelle,
Où sur la brèche on vit, plein d'ardeur et fidèle
A son poste, chacun s'illustrer au combat
Qu'il fallut, en ces lieux, livrer au noir sabbat !
Essayons cependant de dire le courage
Qu'opposèrent nos gens à ce nouvel orage.
Près du lit du bouvier recommence l'assaut.
Sur le sabbat hurlant, on frappe et comme il faut !
Les uns en combattant, les autres en prière,
A l'ennemi l'on fait mordre enfin la poussière !
Le premier au péril, le maître du logis,
Du geste et de la voix excite ses amis.
Dans la cour, on entend l'intrépide Julienne (1),
Capable d'avaler les diables par douzaine,
Prononce sa harangue en marchant au combat :
« Camarades, allons, allons ! sus au sabbat!

_____

(1) Une des filles de M. Lacroix, sœur de l'abbé.

Ayez courage, amis, vous attend la victoire !...
Voyez combien de peaux nous aurons pour la faire :
Non pas des peaux de chats ou des peaux de lapins,
Mais bien peaux de sorciers et peaux de diablotins.
Frappez fort et souvent, tenez tête à l'orage.
Je vous promets à tous une superbe image.
Que vous porterez, fiers, ce soir, sur vos chapeaux,
En entrant en vainqueur dans la ville de Pleaux.
A ce cri de l'honneur le courage va vite !
Les sorciers poursuivis ne songent qu'à la fuite.
Dans le fort du combat, Antenou, le bouvier,
Avait eu bien à faire avec un estafier,
Qui le serrant de près, se battait avec rage.
Mais lui, de saint Michel, détachant une image,
Triomphant, il la montre à l'endiablé lutin
Et lui dit : est-ce ainsi que l'on fait le mutin,
Quand on a devant soi l'image redoutable
De celui qui vainquit Lucifer le grand diable !
Soumets-toi !... tombe aux pieds de l'Archange Michel !...
Hélas ! à ce héros s'offre un autre cartel :
Voici de Lucifer l'ombre noire accourue,
Qui s'avance, terrible, en traversant la rue.
La lumière vacille et s'éteint à l'instant
Sous le souffle empesté de ce démon méchant.
Et dans la sombre nuit tel qu'un coup de tonnerre,
A retenti ce cri menaçant : guerre ! guerre !
Les vitres ont tremblé dans la maison Lacroix,
Peu faite, assurément, pour ces sortes de voix.
Eh quoi ! lui dit Satan : Eh quoi ! mon jeune imberbe,
Une image à la main tu me parais superbe !
Crois-tu que pour dompter le maître de l'Enfer,
Un vain papier suffise et remplace le fer ?
A nous deux, imprudent, tes saints de toute sorte
Ne sauraient empêcher que le diable t'emporte.
Devant cet ennemi le jeune homme pâlit,
Il se sent défaillir et tremble dans son lit.

Que faire ? tout moyen manquait pour sa défense !...
Mais, ò sublime idée !... Il aperçoit par l'anse
Ce vase de la nuit, cet être hospitalier,
Qui délivre souvent d'un démon familier ;
Ce vase auquel on peut adresser sa supplique,
Lorsqu'on se sent atteint d'une prompte colique.
Le saisir d'une main, le montrer d'un bras nu,
En faisant clapoter l'ondulant contenu,
Le mettre sous le nez de l'esprit de ténèbres
Qui se vantait, railleur, de ses exploits célèbres,
Pour le jeune homme fut l'affaire d'un instant.
Dans la forme et le fond le vieux vase imitant
Ceux qui servent ailleurs à garder l'eau bénite,
Notre diable en eut peur et soudain prit la fuite.
Et l'autre, se signant, de son pot se servit :
Par peur ou par besoin, on croit qu'il le remplit.
— Madame Labourgeade (1) arrête une sorcière
Au moment qu'elle allait passer par la chattière,
L'attache d'une corde avec un vieux sorcier
Et les lance tous deux en bas de l'escalier.
— Hippolyte aux démons jette enfin sa calotte
Avec un chapelet qu'il prend d'une dévote ;
Il souffle dans leurs yeux de la poudre à tabac
Et les met à ses pieds par ce coup de Jarnac.
Ce fait d'armes, vraiment, mérite récompense,
Je vote au lieu de croix un jambon de Mayence.
Après tous ces hauts faits, hommes, femmes, enfants
S'apprêtent à rentrer en ville triomphants.
Tel un vaillant soldat, après une victoire,
Aspire au doux repos pour jouir de sa gloire,
Et, près de ses amis, vient oublier ses maux ;
De même nos vainqueurs s'en retournent à Pleaux.
On tire le canon, on chante, on illumine,
Du faubourg du Bournat jusqu'au fond d'Empessine.
Chacun se trouve heureux au sein de ses foyers
Et va dormir en paix à l'ombre des lauriers.

---

(1) Née Lacroix.

Nous avons donné cette pièce de vers avec d'autant plus de confiance que ce conte de revenant nous fournira l'occasion de remplir une lacune que nous avons laissé subsister à dessein dans notre *Monographie de Barriac*, afin de réserver pour l'histoire de Chaussenac le chapitre des légendes naïves dont est riche notre pays d'Auvergne.

La légende appartient à la vie d'un peuple, fait partie de son histoire, se rattache à sa première formation, suit son développement, ses progrès; on ne peut l'en séparer sans lui ôter son caractère propre, sans que tombent dans l'oubli des états d'âme, des coutumes, des habitudes qui révèlent le fond même de son existence à travers les âges.

La légende est liée aussi bien à la vie religieuse qu'à la vie sociale d'un pays; c'est le surnaturel des peuples qui n'ont pas reçu les lumières de la foi; elle a survécu même chez les nations chrétiennes, aux flots de lumière apportés par l'Evangile.

La légende qui fut l'histoire primitive des peuples, est par cela même un peu celle de chaque homme en particulier.

Elle représente notre enfance naïve, à l'âge où l'on croit tout, parce qu'on est tant aimé, parce que l'on ignore encore la duplicité humaine, l'art raffiné du mensonge, parce qu'on ne sait rien de la vie au seuil de laquelle on n'aperçoit que bonheur.

On aime tant à se souvenir des récits que l'on faisait jadis, la veillée, près de l'âtre où brûlait un feu monumental, afin que tous y pussent avoir part, dans la vaste cuisine, alors que les femmes filaient à la quenouille, pendant que les hommes tressaient nonchalamment de leurs doigts, les nattes en paille ou les brins d'osier.

Et pourtant la légende s'en va! — Fées merveilleuses qui choisissiez pour domicile de sombres cavernes, où vous aviez à votre disposition un palais souverain bizarrement sculpté par la main de la nature, capricieusement décoré de stalactites et de stalagmites, ou autres concrétions bien supérieures en beauté, à ce qui est le produit de l'art des hommes ; gnômes, farfadets, lutins, follets, dracs, loups-garous, on vous aimait, on vous déteste ; on vous craignait dans les villes et les campagnes, on vous rit au nez ; la veillée, si l'on cause encore de vous, ce n'est qu'à demi-mot, pour ne pas réveiller la susceptibilité des enfants, qui, sceptiques en herbe, ne manqueraient pas de tourner en ridicule le narrateur.

Vous vous en êtes allés où vont tant d'autres choses, dans ce siècle de civilisation à outrance, c'est-à-dire, au magasin de relégation de toutes les *vieilles sornettes*.

Comment en serait-il autrement en ce siècle où, pour le progrès des idées nouvelles, on

s'applique à fausser même la vérité historique?
Comment en serait-il autrement en ce temps
où, pour mieux saper par la base la foi aux
vérités révélées, on commence par détourner
l'esprit de l'enfant de ce que la légende antique
renfermait de vérité par l'affirmation du surnaturel dans le fantastique même? Ce progrès
n'est-il pas le progrès à rebours?..

A la suite de ces considérations générales,
nous voulons, à l'appui de ce que nous venons
de dire et des regrets que nous avons exprimés,
faire assister le lecteur à une des soirées de
décembre, à la campagne, dans une ferme d'il
y a cinquante ans.

Mon récit rajeunira ceux qui le liront d'un
demi-siècle, s'ils sont mes contemporains; ou
bien, si, plus jeunes, ils entendent la médi-
sance, les puérilités vaines, peut être la chro-
nique scandaleuse du pays, remplacer les
histoires du passé que ce temps-ci méprise,
mais qui ne nuisaient à personne et avaient le
don d'intéresser tout le monde, ils les regrette-
ront, j'en suis sûr; et moi je m'accorderai, en
les leur rappelant, un savoureux arrière-goût
de ces vieux souvenirs.

Donc, cinq heures ont sonné à la vieille pen-
dule du fond de la cuisine; il est nuit close,
tout le monde est rentré des travaux du jour,
on s'est réuni pour le repas du soir. Ce repas
est frugal. En voici le menu : Une soupe aux

choux fort appétissante, un morceau de fromage frais et quelquefois un légume.

Et c'était un régal pour des estomacs bien disposés, qui n'étaient nullement blasés par les délicatesses qui gâtent plus qu'elles ne servent les estomacs d'aujourd'hui.

La prière, dont chacun s'est acquitté avec le respect qui convient, a suivi ce maigre repas.

Après la prière, on a eu la leçon de catéchisme pour les enfants qui se préparent à la première communion; tout le monde s'y est montré attentif et personne n'a songé qu'elle fût ennuyeuse.

Le foyer étant débarrassé des marmites et chaudrons qui ont servi pour le repas, c'est alors que l'on voit dans l'âtre flamber un véritable bûcher, qui, en se consumant, répand à l'entour une douce et bienfaisante chaleur qui dispose les esprits au récit d'une légende indispensable pour se préparer au repos de la nuit.

Souvent la maman avait promis la légende pour prix de la sagesse des enfants et de l'étude satisfaisante de la leçon de catéchisme. Et la sagesse avait été exemplaire et l'on avait su le catéchisme sans faute !

Alors la parole était à la bonne *Cathy*, répertoire vivant de tous les contes de Perrault et de beaucoup d'autres, qu'elle embellissait de ses inventions et réflexions personnelles.

La *Catty* c'était la vieille servante ayant vu
naitre et grandir deux ou trois générations de
la famille et qui n'aurait point supporté qu'on
lui dit qu'elle n'était pas elle-même un membre
de la famille où elle vivait depuis un demi-
siècle. C'était la seconde mère des chers *petiots*,
et pour les *petiots* la parole de la *Catty* était un
oracle.

Souvent la rusée *mémère* pour se préparer un
auditoire plus attentif, se faisait prier longuement et ne semblait céder qu'aux instances et
aux caresses de son petit monde.

La Belle au bois dormant, qui ne se réveilla
qu'au bout de cent ans ; le *Petit chaperon-rouge,*
qui fut mangé par le loup qu'il prit pour son
aïeule ; la *Belle et la Bête ;* le *Petit poucet, cendril-
lon,* le *chat-botté,* etc., *l'ogre mangeur d'enfants*
qui, par méprise, dévora un jour les siens, et
je ne sais combien d'autres encore... tels étaient
ses thèmes préférés.

Ces contes revenaient tour-à-tour chaque
année et plusieurs fois dans un même hiver ;
mais *Catty* les disait si bien et savait si bien
entremêler ses récits de traits des fées jeteuses
de sorts ou bienfaisantes, car il y en avait de
bonnes et de méchantes, que l'on ne s'ennuyait
jamais de les entendre. C'était un charme pour
les petites têtes brunes ou blondes qui se
pressaient à son entour.

— *Catty* n'était pas l'unique conteur de la

maison. Il y avait aussi le *père Guillaume*, premier bouvier de la ferme qui touchait aux dernières limites de l'âge mûr et côtoyait les premières de la vieillesse. Il ne disait pas de contes ; mais nul ne savait mieux que lui, arranger une histoire de *loup-garou, de drac ou de revenant.*

Souvent quand la *Catty* avait fini, c'était son tour de commencer.

Cependant, quand son heure était venue d'aller voir à l'étable si ses bêtes dormaient en paix, d'aller se livrer lui-même au repos, la mère de famille donnait le signal de la dernière prière et l'on finissait la journée par la récitation du chapelet.

Il était bien rare qu'à cette heure avancée de la soirée on n'entendit pas la danse des fuseaux roulant à terre, et si les *Ave Maria* n'étaient pas accompagnés d'irrévérencieux saluts de tête, causés par le besoin de sommeil. — Il nous semble que les Anges devaient sourire à cette bonne volonté mal récompensée.

Enfin, le père Guillaume partait d'un côté et les enfants de l'autre pour aller mettre en pratique ce que dit Boileau dans ce joli vers, en parlant de la mollesse :

Soupire, étend les bras, ferme l'œil et s'endort.

La partie était donc remise au lendemain, jusqu'après la leçon de catéchisme.

On attendait impatiemment l'heure où le

père Guillaume redirait pour la centième fois ces émouvantes scènes dont il était toujours le principal acteur.

Les deux mains dans les poches, son bonnet de coton rejeté sur l'occiput, les deux pieds sur les grands landiers, après s'être mouché bruyamment du pouce et de l'index, et avoir humé avec délices la prise de tabac offerte par l'aïeul, le père Guillaume toussait et crachait deux ou trois fois encore, avant de prendre la parole. C'était sa manière à lui de faire désirer *son histoire.*

Enfin, il commençait ainsi. — Il y a trente ans, alors que j'étais second domestique dans la paroisse de Tourniac, je me rendais, un soir, au village de la Grillière où restaient mes parents. Arrivé juste à égale distance du bourg et du terme de mon voyage, entre les petits bois qui bordaient la route creuse et profonde que je suivais, un mouton plus noir que la nuit, qui était pourtant bien sombre, se jetait dans mes jambes et pensait me renverser.

Je ne fis ni une ni deux, je saisis la bête et d'un seul mouvement la plaçai sur mes épaules, heureux de ma trouvaille et songeant à la joie qu'auraient mon père et ma mère du cadeau que je leur apporterais.

Chose étrange, j'étais fort à cet âge, je prenais mes vingt ans et ce mouton n'aurait pas dû me peser une once ; pourtant, j'avais à peine fait cent pas que je sentais mes jambes fléchir sous le poids et que mes membres ruisselaient de sueur.

Je tins bon malgré tout et je touchais au village de la Grillère, lorsque j'entendis derrière moi un rire strident qui me sembla moqueur et mon mouton était déjà loin. C'était, mes enfants, c'était le *Drac* qui avait voulu me prendre gratuitement pour véhicule. J'aurais dû m'en douter car ce tour n'était pas nouveau.

— Un autre soir, le père Guillaume racontait comment ce rusé lutin entrait pendant la nuit dans l'étable, par le *fenestrou* du parc de la jument grise, tressait le poil de la crinière en forme d'étrier, ouvrait la porte du parc, sautait sur la croupe de *la Grise* qu'il forçait à des courses échevelées de haut en bas et de bas en haut de l'écurie, jusqu'à ce que chaque poil de la malheureuse bête donnait sa goutte de sueur. J'entendais le vacarme, disait le père Guillaume, et le lendemain je trouvais sur le sol de l'écurie l'empreinte des pas de *la Grise*.

L'intéressant conteur ajoutait que pour empêcher le *Drac* de se livrer à ce méfait et en empêcher le retour, il suffisait de placer au *fenestrou* une grosse poignée de graines de lin ; pendant que le *Drac* s'amusait à les compter, le jour venait et le drôle était obligé de s'enfuir sans avoir pu se livrer à l'exercice de l'équitation qu'il affectionnait.

Ce que le père Guillaume omettait de dire c'est que depuis le jour où il remisait *la Grise* à l'écurie, au commencement de l'hiver, jusqu'au temps où il la ramenait au pacage, au printemps, il ne passait jamais l'étrille sur sa croupe ni le peigne dans sa crinière, pour empêcher l'enlacement des poils ; il ne disait pas davantage que, commettant lui-même la faute de ne pas fermer le parc, *la Grise* qui n'était pas attachée profitait de sa liberté pour se promener à son aise dans l'étable entière ; d'où les pas qui marquaient l'aire le lendemain.

Vingt fois dans sa vie, le père Guillaume avait rencontré dans ses nombreuses pérégrinations nocturnes le *Sabbat* tenant ses assemblées bruyantes dans la clairière d'une forêt, ou volant avec fracas dans l'espace, pour aller au loin accomplir quelqu'un de ses méfaits. La troupe malfaisante se composait de démons, de sorciers, de lutins, d'animaux divers, d'oiseaux nocturnes surtout, et de chats rôdeurs de nuit ; ses assemblées comme ses courses aériennes étaient la terreur des voyageurs attardés la nuit.

Le rusé narrateur n'avertissait pas que ses *Sabbats* n'étaient autres que des assemblées de chats se livrant à de bruyants combats le long des chemins, derrière les haies vives, ou bien des bandes d'oiseaux voyageurs qui, au printemps ou à l'automne, accomplissaient au clair de la lune leurs migrations bi-annuelles en poussant tous ensemble des cris désordonnés.

Faire cette révélation c'eut été ôter à ses récits tout leur charme.

— Nous ne serions pas étonné quand des esprits auxquels, comme dit la Bruyère, le *plaisir de la critique ôte celui d'être très vivement touchés des très-belles choses,* trouveraient à redire à notre engouement pour les contes et les légendes ; ni quand ils nous contesteraient la légitimité du titre de ce chapitre.

Nous ne nous étonnerions même pas qu'ils allassent jusqu'à prétendre que ces *histoires* des veillées d'hiver n'avaient pas un but moral et n'étaient bonnes qu'à remplir les enfants de couardise.

Nous espérons que tels ne seront pas les sentiments du grand nombre de nos lecteurs.

Ces contes et récits pouvaient se conclure tous par une moralité non moins utile que les meilleures des fables de La Fontaine ; et le conteur en faisait ordinairement l'application comme fruit à retirer de sa narration.

De plus, ainsi que nous l'avons fait remarquer déjà, on ne peut nier que le premier effet moral de ces naïves histoires était de tenir en respect les langues tentées de se livrer à des libertés de langage dont la moralité n'eut pas été aussi certaine.

Quant à la couardise qui pourrait être le

fruit des contes fantastiques dont on se récréait chaque veillée d'hiver, elle se dissipait d'ordinaire avec l'âge et le temps.

Et quel mal y avait-il à rencontrer par hasard des hommes d'âge mûr, à barbe grise, incapables de faire un pas hors de chez eux, la nuit, sans être escortés d'un membre de la famille, de peur de rencontrer quelqu'un des êtres malfaisants dont leur imagination était encore remplie ?

Nous persistons à dire que la légende est morale, religieuse, patriotique. Nous maintenons tous nos regrets à l'égard de sa disparition.

FIN

TABLE DES MATIÈRES

www.ingramcontent.com/pod-product-compliance
Lightning Source LLC
Chambersburg PA
CBHW070408090426
42733CB00009B/1581